성공 30일
기초
일본어
회화

숏공 3°일
기초 일본어 회화

| 초판 1쇄 인쇄 | 2025년 10월 13일 |
| 초판 1쇄 발행 | 2025년 10월 20일 |

발행인 임충배
홍보 · 마케팅 양경자
편집 AI 편집부
감수 강민정
디자인 서해숙
펴낸 곳 도서출판 삼육오(PUB.365)
제작 (주)피앤엠123

출판신고 2014년 4월 3일
등록번호 제406-2014-000035호

(10882) 경기도 파주시 산남로 183-25
TEL 031-946-3196, FAX 031-946-3171
홈페이지 www.pub365.co.kr

ISBN 979-11-94543-33-6 03730
ⓒ 2025 PUB.365

쏙쏙 3일
기초
일본어
회화

이 책, 이렇게 활용하세요!

30일 후, 당신의 말문이 열립니다. 단어만 외우던 공부에서, 직접 말해보는
연습으로 바꾸면 일본어가 조금씩, 분명하게 내 것이 됩니다.

1단계

문장과 어휘 익히기

주제별 문장과 어휘를
확인해요. 발음이 어려운
단어는 MP3로 먼저
듣고 따라 말하면서 입에
익혀보세요.

2단계

대화로 응용하기

배운 표현이 실제 회화
상황에서 활용하는 법을
확인해요. 상황을 상상하며
역할극처럼 연습하면 더욱
효과적입니다.

3단계

연습문제로 복습하기

오늘 학습을 잘 했는지
문제로 꼼꼼히 복습하세요.
쓰기보다 말하기가
핵심입니다. 입으로
말하면서 풀어주세요.

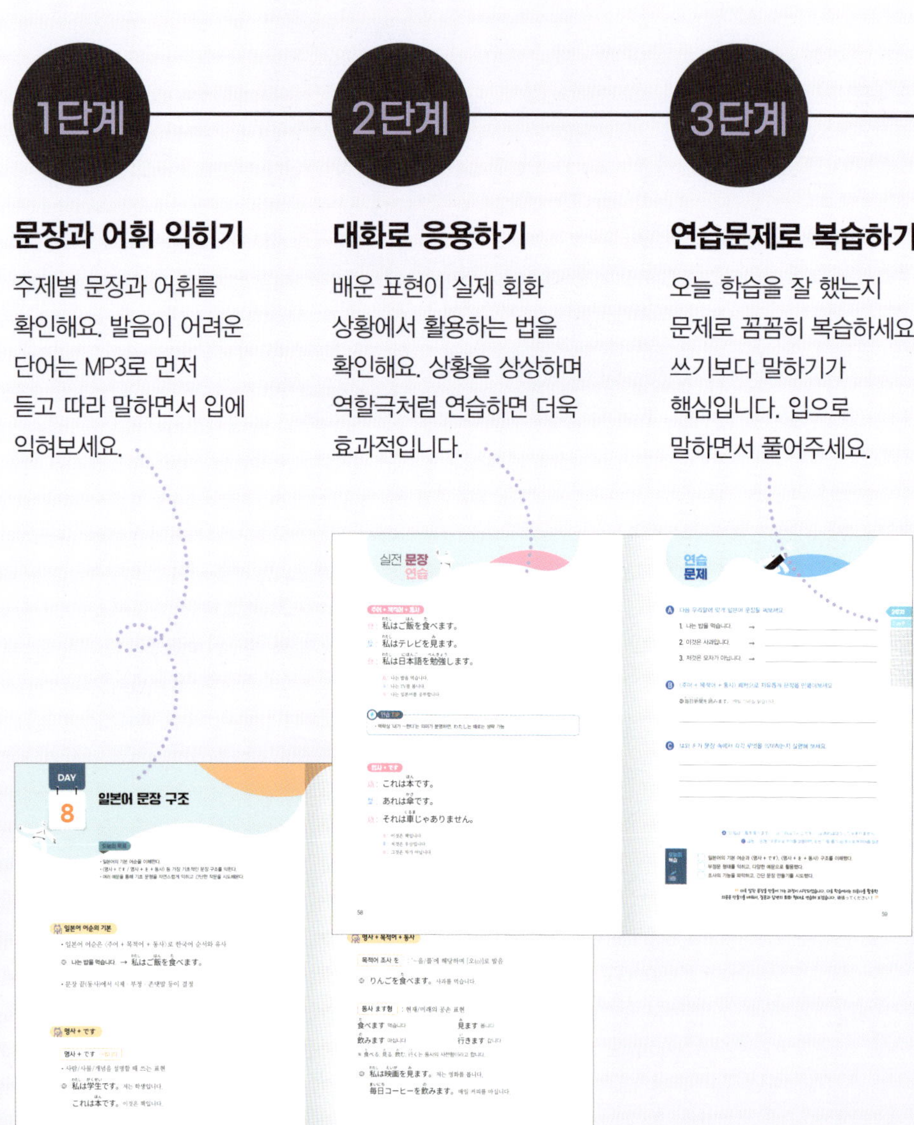

MP3 듣고 따라 말하기

자음+모음 구조에 익숙해지고 발음을
익혀요. 속도가 빠를 경우, 처음에는
느리게 → 점차 원어민 속도로
쉐도잉하세요.

오늘의 한 문장 쓰고 말하기

오늘 배운 문장을 1개 써 보며
마무리해요. 직접 문장을 만들고
발음하며 말해보는 것이 기억에 오래
남고 실전에도 강해지는 방법입니다.

일본어 기초 다지기 (발음&기본 표현)

기본 문법과 실용 표현

4
주차

WEEK 1
일본어
기초 다지기

Day	학습 주제	핵심 내용
Day 1	일본어 개요	ひらがな, カタカナ, 漢字 구별하기
Day 2	히라가나	きょうしつ
		ともだち
Day 3	가타카나	コーヒー
		Tシャツ
Day 4	인사	おはようございます。
		お元気ですか。
Day 5	자기 소개	はじめまして。
		私は○○○です。
Day 6	숫자와 날짜	今日は何月何日ですか。
		明日は土曜日です。
Day 7	복습 및 실전 연습	인사 표현 연습하기

WEEK 2
기본 문법과
유용한 표현

Day	학습 주제	핵심 내용
Day 8	문장 구조	私はテレビを見ます。
		それは車じゃありません。
Day 9	의문문	これはりんごですか。
		何を食べますか。
Day 10	부정문	これは本ではありません。
		私はコーヒーを飲みません。
Day 11	가족 및 친구	この人は誰ですか。
		こちらは私の父です。
Day 12	시간	今、何時ですか。
		毎朝7時に起きます。
Day 13	쇼핑	これはいくらですか。
		ちょっと高いですね。
Day 14	복습 및 실전 연습	나만의 가족 소개 만들기

가장 기억에 남는 표현 :

가장 유용했던 표현 :

WEEK 3
실생활 회화

Day	학습 주제	핵심 내용
Day 15	음식 주문	注文お願いします。
		辛い料理はありますか。
Day 16	대중교통	駅までどうやって行きますか。
Day 17	길 묻기	まっすぐ行ってください。
Day 18	아픈 증상 말하기	助けてください！
		お腹が痛いです。
Day 19	호텔 체크인 및 예약	チェックインお願いします。
		予約してあります。
Day 20	날씨와 계절	今日の天気はどうですか。
		寒いですね。
Day 21	복습 및 실전 연습	길 안내, 호텔 체크인 상황 재현하기

WEEK 4
응용 회화 및 실전 연습

Day	학습 주제	핵심 내용
Day 22	취미와 관심사	何が好きですか。
		私の趣味は○○○です。
Day 23	감정과 기분	楽しかったです。
		今日は疲れています。
Day 24	미래 계획	旅行するつもりです。
		日本に行こうと思っています。
Day 25	전화 및 메시지	もしもし。今、大丈夫ですか。
Day 26	초대 및 약속 잡기	今日の午後時間ありますか。
		一緒に映画を見ませんか。
Day 27	관용 표현	いただきます。
		ごちそうさまでした。
Day 28	신조어 및 SNS	エモい
		神(かみ)

WEEK 5
최종 정리 & 테스트

Day	학습 주제	핵심 내용
Day 29	일본 문화와 예절	お世話になっています。
		お疲れ様です。
Day 30	전체 학습 마무리	1〜29일 총정리 테스트

내가 말할 수 있게 된 표현 :

다시 연습하고 싶은 표현 :

스스로 점수 : _______ 점 / 100점

1주차

일본어 기초 다지기
(발음&기본 표현)

DAY 1

일본어 개요와 문자 및 발음

- 일본어가 어떤 문자 체계와 발음 구조를 가지고 있는지 큰 틀을 파악한다.
- 히라가나 · 가타카나 · 한자 각각의 특징을 간단히 살펴본다.
- 가장 기초적인 모음과 일부 자음을 통해 일본어 음절 개념을 알아본다.
- 기초 인사 표현을 연습하여 바로 활용할 수 있는 문장을 익힌다.

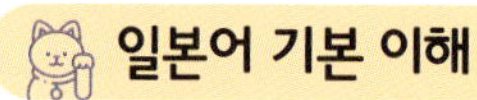

🐾 일본어 기본 이해

1 문자

히라가나(ひらがな), 가타카나(カタカナ), 한자(漢字) 세 종류 함께 사용

예 한자 : **日本語** 일본어

　　히라가나 : **にほんご** 일본어

　　가타카나 : **コーヒー** 커피

- 가타카나 : 외래어, 동식물, 의성어 · 의태어 등은 가타카나로 표기

② 어순

한국어와 유사 : 주어 + 목적어 + 동사

예 <u>私</u>(わたし)<u>は</u><u>リンゴ</u><u>を</u><u>食</u>(た)<u>べます</u>。
　　주어　　목적어　　　　동사

<u>나</u><u>는</u> <u>사과</u><u>를</u> <u>먹어요</u>.
주어　목적어　　동사

③ 존댓말 표현

상황 · 상대에 따라 어투가 달라지며, 공손체, 존경어, 겸양어 등이 있음

예 おはよう。　　　　　　좋은 아침 (친구나 가족, 후배, 친한 사람에게 사용)

おはようございます。

좋은 아침입니다. (윗사람, 처음 보는 사람이나 공식적인 자리에서 사용)

④ 발음

기본적으로 〈자음 + 모음〉 형태

촉음(っ), 장음(おお, こう, えい 등), 발음(ん) 등 발음 변형 주의

예 まって 기다려 : っ는 잠시 끊는 소리

ちいさい 작다 : ちい [치이]는 장음

1 모음

히라가나	발음(로마자)	발음(한국어)
あ	a	아
い	i	이
う	u	우
え	e	에
お	o	오

2 자음 + 모음

히라가나	발음(로마자)	발음(한국어)
か	ka	카
き	ki	키
く	ku	쿠
け	ke	케
こ	ko	코

 발음 TiP

- か행이 단어의 처음에 오면 우리말 [ㅋ]에 가까운 발음이 나지만,
  중간이나 끝에 오면 우리말 [ㄲ]과 비슷하게 발음
  예 かお [카오], えき [에끼]

🐱 인사 표현

한국어	일본어	발음
(아침 인사) 안녕하세요.	おはようございます。	오하요-고자이마스
(낮/전체) 안녕하세요.	こんにちは。	콘니치와
(저녁 인사) 안녕하세요.	こんばんは。	콘반와
감사합니다.	ありがとうございます。	아리가또-고자이마스
미안합니다.	すみません。 / ごめんなさい。	스미마센 / 고멘나사이
안녕히 가세요. / 잘 가.	さようなら。 / じゃあね。	사요-나라 / 쟈-네

장음(ー) 표시는 일본어에서 모음을 한 음절 늘려 발음하는 것을 나타냄

예 おは**よう** [오하요-] | ありが**とう** [아리가또-]

💡 인사 TiP

- おはようございます。는 아침에 쓰는 정중한 인사
- ありがとう는 뒤에 ございます를 붙이면 더 정중한 표현
- じゃあね。는 친근한 사이에서의 가벼운 이별 인사

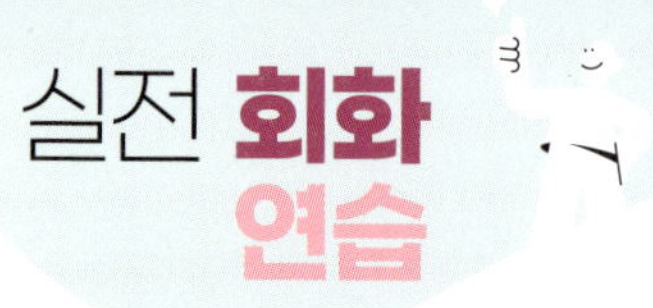

실전 회화 연습

🧑‍🦰 : おはようございます。
오하요- 고자이마스

🧑 : おはようございます。今日はいい天気ですね。
오하요- 고자이마스. 쿄-와 이이텐키데스네

🧑‍🦰 : 좋은 아침입니다.
🧑 : 좋은 아침입니다. 오늘 날씨가 좋네요.

🧑‍🦰 : こんにちは。
콘니치와

🧑 : こんにちは。よろしくお願いします。
콘니치와. 요로시쿠 오네가이시마스

🧑‍🦰 : 안녕하세요.
🧑 : 안녕하세요. 잘 부탁드립니다.

연습
문제

A 아래 히라가나를 소리내어 읽어보세요.

1. あ →

2. い →

3 う →

4. か →

5. き →

B 다음 인사말을 일본어로 써보세요.

1. 감사합니다. →

2. 안녕히 가세요. →

3. 미안합니다. →

A (1)아 (2)이 (3)우 (4)카 (5)키
B (1)ありがとうございます。 (2)さようなら。 (3)すみません。

**오늘의
복습**

☐ 히라가나 · 가타카나 · 한자의 구성을 확인했다.

☐ 기본 모음과 〈자음+모음〉의 음절 구조를 익혔다.

☐ 기초 인사말과 장음 표시를 알아보았다.

❝ 모음과 자음, 발음 그리고 여러가지 인사말을 말해 보며 입에 익도록 자연스럽게 복습해 보세요.
다음 학습에서는 히라가나 전체를 본격적으로 배워보겠습니다. 頑張ってください！❞

DAY 2

히라가나 기초

- 히라가나 전체를 익히고, 탁음과 반탁음 그리고 요음의 개념을 이해한다.
- 히라가나 쓰기 순서와 발음을 익히고, 간단한 단어를 만들 수 있다.
- 기본 모음 · 자음에 이어, 히라가나로 만들어진 문장을 읽고 쓸 수 있다.

기본 5행

あ행	あ a 아	い i 이	う u 우	え e 에	お o 오
か행	か ka 카	き ki 키	く ku 쿠	け ke 케	こ ko 코
さ행	さ sa 사	し shi 시	す su 스	せ se 세	そ so 소
た행	た ta 타	ち chi 치	つ tsu 츠	て te 테	と to 토
な행	な na 나	に ni 니	ぬ nu 누	ね ne 네	の no 노

발음 TiP

- う단을 발음할 때는 입을 너무 내밀지 않으며, [우]와 [으]의 중간 정도로 발음

- す는 우리말 [수]와 [스]의 중간 발음이지만, [스]에 가까운 발음
- つ는 [츠]에 가깝게 발음하며, [츄]로 발음하지 않도록 유의
- た행이 단어의 처음에 오면 우리말 [ㅌ], [ㅊ]에 가까운 발음이 나지만,
  중간이나 끝에 오면 우리말 [ㄸ], [ㅉ]과 비슷하게 발음
  예 たこ [타꼬] 문어, ちかてつ [치까떼쯔] 지하철

🐾 다음 5행

は행	は ha 하	ひ hi 히	ふ hu 후	へ he 헤	ほ ho 호
ま행	ま ma 마	み mi 미	む mu 무	め me 메	も mo 모
や행	や ya 야		ゆ yu 유		よ yo 요
ら행	ら ra 라	り ri 리	る ru 루	れ re 레	ろ ro 로
わ행	わ wa 와				を wo 오
특수	ん n 응				

💡 발음 TiP

- ふ는 [후]에 가깝지만, 입술을 살짝 벌린 소리가 남
- ん은 모음 없이 발음되는 특수 음절
  끝소리가 [응]에 가깝게 울림, [ㄴ]/ [ㅇ]/ [ㅁ]/ [ㄴ]과 [ㅇ]의 중간음에 가까운 소리

1 탁음 : ゛(탁점)을 붙임

が행	が ga 가	ぎ gi 기	ぐ gu 구	げ ge 게	ご go 고
ざ행	ざ za 자	じ ji 지	ず zu 즈	ぜ ze 제	ぞ zo 조
だ행	だ da 다	ぢ ji 지	づ zu 즈	で de 데	ど do 도
ば행	ば ba 바	び bi 비	ぶ bu 부	べ be 베	ぼ bo 보

2 반탁음 : ゜(반탁점)을 붙임

ぱ행	ぱ pa 파	ぴ pi 피	ぷ pu 푸	ぺ pe 페	ぽ po 포

발음 TiP

- ぱ행이 단어의 처음에 오면 우리말 [ㅍ]에 가까운 발음이 나지만,
  중간이나 끝에 오면 우리말 [ㅃ]과 비슷하게 발음
  - 예 ぴかぴか [피까삐까] 반짝반짝, 반들반들

❸ 요음: い단에 작은 ゃ, ゅ, ょ를 붙임

い단	+ ゃ [ya 야]	+ ゅ [yu 유]	+ ょ [yo 요]
き [ki 키]	きゃ kya 캬	きゅ kyu 큐	きょ kyo 쿄
し [si 시]	しゃ sha 샤	しゅ shu 슈	しょ sho 쇼
ち [chi 치]	ちゃ cha 챠	ちゅ chu 츄	ちょ cho 쵸
に [ni 니]	にゃ nya 냐	にゅ nyu 뉴	にょ nyo 뇨
ひ [hi 히]	ひゃ hya 햐	ひゅ hyu 휴	ひょ hyo 효
み [mi 미]	みゃ mya 먀	みゅ myu 뮤	みょ myo 묘
り [ri 리]	りゃ rya 랴	りゅ ryu 류	りょ ryo 료

💡 쓰기 & 발음 연습 TiP

- 획순 : 히라가나는 획순이 간단해서 올바른 필순에 익숙해지면 쓰기 속도가 빨라짐
- 소리 내어 반복 : さ [사] – し [시] – す [스] – せ [세] – そ [소]로 이어서 읽어보기
- 〈자음+모음〉 패턴을 머릿속에 떠올리면서 써보면 암기에 도움이 됨
- 탁음·반탁음, 요음은 표만 보고 외우기보단 짧은 단어로 익히는 것이 더 효과적

1 단어

あさ 아사 아침	**さかな** 사카나 물고기	**かさ** 카사 우산	**すし** 스시 초밥

はな 하나 꽃	**まち** 마치 마을	**きょうしつ** 교-시츠 교실	**ともだち** 토모다치 친구	**いえ** 이에 집

💡 단어 학습 TiP

- 자주 쓰이는 기초 어휘부터 히라가나 표기로 익혀두면, 자연스럽게 읽기 · 쓰기가 쉬워짐
- 요음(ゃ, ゅ, ょ)이 들어간 단어(きょうしつ, きゃく 등)도 찾아보기

2 문장 (예)

これは花です。
코레와 하나데스

이것은 꽃입니다.

私は日本人では ありません。
와타시와 니혼진데와 아리마센

저는 일본 사람이 아닙니다.

연습 문제

A 아래 글자를 보고, 어느 행(가행, 사행 등)에 속하는지 써보세요.

1. が ________

2. ち ________

3. み ________

4. ぱ ________

5. ん ________

6. ゆ ________

B 자유롭게 단어를 선정하여 발음을 적은 후, 히라가나로 써보세요.

발음	히라가나	발음	히라가나
예 하나	はな		

C 배운 히라가나로 자유롭게 문장을 만들어 보세요. (예: 이름, 취미, 간단한 소개)

____

____

A (1) 가행 (2) 타행 (3) 마행 (4) 파행 (5) 특수행 (6) 야행

오늘의 복습

- [ ] 히라가나와 ん음을 배웠다.
- [ ] 탁음, 반탁음, 요음의 개념을 살펴봤다.
- [ ] 간단한 단어와 문장을 통해 읽기 · 쓰기를 연습했다.

" 히라가나는 일본어 문자학습의 핵심이므로 꼭 반복해서 머릿속에 새겨주세요.
다음 학습에서는 가타카나를 익혀서 외래어의 표기 방식을 연습할 예정입니다. 頑張ってください！ "

DAY 3 가타카나 기초

- 가타카나 전체를 익힌다.
- 외래어 표기 방식을 이해하고, 가타카나를 활용해 다양한 단어를 읽고 쓸 수 있다.
- 히라가나와의 차이점을 비교하면서, 쓰는 방식과 발음을 확실히 체득한다.

기본 5행

ア행	ア a 아	イ i 이	ウ u 우	エ e 에	オ o 오
カ행	カ ka 카	キ ki 키	ク ku 쿠	ケ ke 케	コ ko 코
サ행	サ sa 사	シ shi 시	ス su 스	セ se 세	ソ so 소
タ행	タ ta 타	チ chi 치	ツ tsu 츠	テ te 테	ト to 토
ナ행	ナ na 나	ニ ni 니	ヌ nu 누	ネ ne 네	ノ no 노

발음 TiP

- 히라가나와 달리 가타카나는 각지고 단순화된 모양이 많음

- シ(시) / ツ(츠)는 특히 가로획 · 세로획 방향이 달라 헷갈리지 않게 구분 필요
  - o シ(shi) : 점 두 개가 세로로 나란히 위치, 선은 아래에서 위로
  - o ツ(tsu) : 점 두 개가 가로로 나란히 위치, 선은 위에서 아래로

🐱 다음 5행

ハ행	ハ ha 하	ヒ hi 히	フ hu 후	ヘ he 헤	ホ ho 호
マ행	マ ma 마	ミ mi 미	ム mu 무	メ me 메	モ mo 모
ヤ행	ヤ ya 야		ユ yu 유		ヨ yo 요
ラ행	ラ ra 라	リ ri 리	ル ru 루	レ re 레	ロ ro 로
ワ행	ワ wa 와				ヲ wo 오
특수	ン n 응				

💡 발음 TiP

- ラ행은 [r]발음보다는 우리말 [ㄹ]소리에 가까운 소리
- ヤ행, ワ행은 히라가나와 동일하게 [이], [에]가 생략됨
- ン [n]는 모음 없이 끝나는 특수 음절로 [응] 또는 [ㄴ]/ [ㅇ]/ [ㅁ]/ [ㄴ]과 [ㅇ]의 중간음에 가까운 소리

1 탁음

ガ행	ガ ga 가	ギ gi 기	グ gu 구	ゲ ge 게	ゴ go 고
ザ행	ザ za 자	ジ ji 지	ズ zu 즈	ゼ ze 제	ゾ zo 조
ダ행	ダ da 다	ヂ ji 지	ヅ zu 즈	デ de 데	ド do 도
バ행	バ ba 바	ビ bi 비	ブ bu 부	ベ be 베	ボ bo 보

2 반탁음

パ행	パ pa 파	ピ pi 피	プ pu 푸	ペ pe 페	ポ po 포

💡 발음 TiP

- 가타카나 ジ [ji], ヂ [ji]는 모양 다르지만, 발음은 [지]로 동일
- 히라가나와 마찬가지로, 쓰는 모양과 소리가 정확히 매치되는지 확인 필요

3 요음

イ단	+ ヤ [ya 야]	+ ュ [yu 유]	+ ョ [yo 요]
キ [ki 키]	キャ kya 캬	キュ kyu 큐	キョ kyo 쿄
シ [si 시]	シャ sha 샤	シュ shu 슈	ショ sho 쇼
チ [chi 치]	チャ cha 챠	チュ chu 쥬	チョ cho 쵸
ニ [ni 니]	ニャ nya 냐	ニュ nyu 뉴	ニョ nyo 뇨
ヒ [hi 히]	ヒャ hya 햐	ヒュ hyu 휴	ヒョ hyo 효
ミ [mi 미]	ミャ mya 먀	ミュ myu 뮤	ミョ myo 묘
リ [ri 리]	リャ rya 랴	リュ ryu 류	リョ ryo 료

💡 **쓰기 & 발음 연습 TiP**

- キャ, キュ, キョ 등 작은 야(ャ), 유(ュ), 요(ョ)가 붙어 요음이 됨
- 가타카나에서는 イ단에 작은 ャ, ュ, ョ를 붙임

가타카나는 특히 외래어(영어 · 한국어 · 프랑스어 등)와 동식물 및 의성어 · 의태어 표기에 주로 사용

외래어	가타카나	발음
커피	コーヒー	코-히-
카메라	カメラ	카메라
택시	タクシー	타쿠시-
티서츠	Tシャツ	티-샤츠
컴퓨터	コンピューター	콤퓨-타-
아이스크림	アイスクリーム	아이스쿠리-무

장음(-) : 외래어의 모음이 길게 들릴 때, 가타카나에서 '-'로 표시

쓰기·발음 연습 TiP

- 가타카나는 획이 적긴 하지만, 정확한 순서와 각도에 유의
- 장음(ー) · 요음(ャ, ュ, ョ) 같은 부가 기호에 유의
- 라벨, 상품 패키지, 메뉴판 등 일상 속 가타카나를 찾아보기

연습
문제

Ⓐ 아래 글자가 히라가나인지, 가타카나인지 구분해 보세요.

1. サ ________

2. さ ________

3. シ ________

4. し ________

Ⓑ 다음 단어를 가타카나로 적어보세요. 길게 들리는 모음(장음)에 ―표시를 해주세요.

1. 커피 ➡ _______________________

2. 카메라 ➡ _______________________

3. 택시 ➡ _______________________

Ⓒ 가타카나로 쓸 수 있는 외래어를 활용해 자유 문장 1~2줄을 작성해 보세요.

예) 私はコーヒーが好きです。　나는 커피를 좋아합니다.

____

____

Ⓐ (1) 가타카나 (2) 히라가나 (3) 가타카나 (4) 히라가나
Ⓑ (1) コーヒー (2) カメラ (3) タクシー

**오늘의
복습**

☐ 가타카나 전체와 탁음, 반탁음, 요음을 익혔다.

☐ 외래어 표기 원리를 살펴보고, 장음 처리를 이해했다.

☐ 히라가나와 가타카나의 형태·쓰임새 차이를 확인했다.

❝ 가타카나는 일상 속 외래어를 보며 자주 연습해 보세요. 다음 학습에서는 다양한 기초 회화를 통해,
히라가나 + 가타카나를 자연스럽게 섞어 쓰는 문장을 배워보겠습니다. 頑張ってください！❞

기초 인사 표현

- 인사말 표현을 복습하고, 상대방의 안부를 자연스럽게 묻는다.
- 기본 소개 표현을 익혀 짧은 자기소개 문장을 말해본다.
- 간단한 회화를 따라서 말해보며, 실제로 대화하는 연습을 한다.

🐱 인사말 복습

고마워.	ありがとう。 아리가또–
고맙습니다. (정중한 표현)	ありがとうございます。 아리가또– 고자이마스
미안합니다/실례합니다.	すみません。 스미마센
미안합니다.	ごめんなさい。 고멘나사이
괜찮아요.	だいじょうぶです。 다이죠–부데스

💡 복습 TiP

- すみません은 감사의 뉘앙스로도 쓰일 수 있음 (죄송하지만, 부탁드립니다 → 미안함 + 고마움)
- ありがとう에 ございます를 붙이면 더 정중한 표현

🐱 안부 묻기

A : お<ruby>元気<rt>げんき</rt></ruby>ですか。   잘 지내세요?, 컨디션은 어떠세요?

B : はい、<ruby>元気<rt>げんき</rt></ruby>です。   네, 잘 지내요.

まあまあです。   그럭저럭이에요.

ちょっと<ruby>疲<rt>つか</rt></ruby>れています。   좀 피곤해요.

🐱 기본 소개 표현

はじめまして。   처음 뵙겠습니다.

· 첫 인사 시 맨 처음에 사용
· 상대에게 예의를 갖출 때 필수

<ruby>私<rt>わたし</rt></ruby>はキムです。   저는 김입니다.

· 자신의 이름 · 직업 · 국적 등을 말할 때

よろしくお<ruby>願<rt>ねが</rt></ruby>いします。   잘 부탁드립니다.

· '앞으로 잘 부탁드려요.'라는 뉘앙스
· 만남 · 협력 · 인사 상황 등 다양한 자리에서 마무리 멘트로 사용

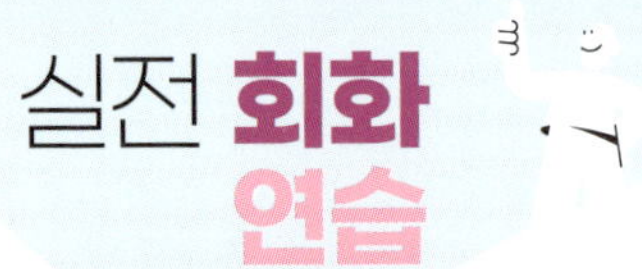

실전 회화 연습

: おはようございます。
오하요– 고자이마스

: おはようございます。今日はいい天気ですね。
오하요–고자이마스. 쿄–와 이이텐키데스네

: そうですね。お元気ですか。
소–데스네. 오겐키데스카

: はい、元気です。
하이, 겐키데스

: 좋은 아침이에요.
: 좋은 아침입니다. 오늘 날씨가 좋네요.
: 그러네요. 잘 지내세요?
: 네, 잘 지냅니다.

연습 TiP
· 상대방의 안부를 묻고, 본인의 상태를 다양하게 답해 보세요.
· 아침 · 낮 · 저녁 시간대에 따라 바꿔서 말해 보세요.

: はじめまして。私はパクです。
하지메마시테. 와타시와 파쿠데스.

: はじめまして。私はキムです。よろしくお願いします。
하지메마시테. 와타시와 키무데스. 요로시쿠 오네가이시마스.

: 처음 뵙겠습니다. 저는 박입니다.
: 처음 뵙겠습니다. 저는 김입니다. 잘 부탁드립니다.

34

연습 문제

Ⓐ 우리말에 맞게 일본어 문장을 완성해 보세요.

1. 잘 지내세요?　→　__________ですか。

2. 감사합니다.　→　__________ございます。

3. 잘 부탁드려요.　→　__________お願い(ねが)します。

Ⓑ 히라가나 혹은 가타카나를 최대한 사용해 자유롭게 자기 소개를 해보세요.

예 私(わたし)は ○○です。日本(にほん)から来(き)ました。よろしくお願い(ねが)します。

Ⓒ 빈칸에 가장 알맞은 표현을 넣어 문장을 완성해 보세요.

1. はじめまして。__________はカンです。

2. はじめまして。__________はリーです。__________お願い(ねが)します。

Ⓐ (1) お元気　(2) ありがとう　(3) よろしく
Ⓑ (1) 私　(2) 私, よろしく

오늘의 복습

☐ 기본 인사말을 복습했다.

☐ 안부 묻기와 그에 대한 대답을 실전 회화로 연습했다.

☐ 자기소개 패턴을 익혀, 자연스럽게 인사말을 건넬 수 있다.

❝ 오늘 배운 표현들을 입으로 여러 번 반복하며, 실제 대화 상황을 상상해 보세요.
다음 학습에서는 자기소개를 확장해서, 직업·국적 말하기 등을 구체적으로 연습해 보겠습니다. 頑張ってください！❞

DAY 5

자기소개하기

• 직업과 국적을 활용해서 긴 문장으로 자기 소개하는 법을 배운다.
• 존칭 표현을 적절히 사용하여 상대방에게 질문할 수 있다.

직업 · 국적 말하기

학생	회사원	선생님	주부	엔지니어
がくせい 学生 각세–	かいしゃいん 会社員 카이샤인	せんせい 先生 센세–	しゅふ 主婦 슈후	エンジニア 엔지니아

예 わたし　がくせい
私は学生です。 저는 학생입니다.
와타시와 각세–데스

わたし　かいしゃいん　とうきょう　かいしゃ　はたら
私は会社員です。東京の会社で働いています。
와타시와 카이샤인데스. 도쿄–노 카이샤데 하타라이테이마스

저는 회사원입니다. 도쿄의 회사에서 일하고 있어요.

• 나라 이름＋人

한국인	일본인	미국인	중국인
かんこくじん 韓国人 칸코쿠진	にほんじん 日本人 니혼진	じん アメリカ人 아메리카진	ちゅうごくじん 中国人 츄–고쿠진

예 私は韓国人です。 저는 한국 사람입니다.
와타시와 칸코쿠진데스

존칭 표현으로 질문하기

お名前は？　성함이 어떻게 되세요?
오나마에와
※ 문장 뒤에 何ですか(무엇입니까?)가 생략되어 있음

お仕事は？　직업이 어떻게 되세요?
오시고토와

どちらからいらっしゃいましたか。　어디서 오셨어요?
도치라카라 이랏샤이마시타카

표현 TiP

- 상대방에게 묻는 표현 앞에 お를 붙이면 공손한 표현
- 예 お名前 성함, お仕事 하시는 일, お国 나라

답하기

私はイスンギです。　저는 이승기입니다.
와타시와 이승기데스

会社員です。　회사원입니다.
카이샤인데스

韓国から来ました。　한국에서 왔습니다.
칸코쿠카라 키마시타

🙍‍♀️ : はじめまして。私はキムです。韓国から来ました。
하지메마시테. 와타시와 키무데스. 칸코쿠카라 키마시타

🙍‍♂️ : はじめまして。私はスズキです。お名前はキムさんで
いいですか。
하지메마시테. 와타시와 스즈키데스. 오나마에와 키무상데 이이데스카

🙍‍♀️ : はい、キムでお願いします。
하이, 키무데 오네가이시마스

🙍‍♂️ : お仕事は何ですか。
오시고토와 난데스카

🙍‍♀️ : 会社員です。ITの会社で働いています。
카이샤인데스. 아이티노 카이샤데 하타라이테이마스

🙍‍♀️ : 처음 뵙겠습니다. 저는 김입니다. 한국에서 왔어요.

🙍‍♂️ : 처음 뵙겠습니다. 저는 스즈키입니다. 김(상)이라고 부르면 될까요?

🙍‍♀️ : 네, 김이라고 불러주세요.

🙍‍♂️ : 직업이 어떻게 되세요?

🙍‍♀️ : 회사원입니다. IT 회사에서 일하고 있어요.

연습 문제

A 일본어 단어와 우리말 뜻을 매칭해 보세요.

> かんこくじん **韓国人**　　せんせい **先生**　　かいしゃいん **会社員**　　しゅふ **主婦**　　にほんじん **日本人**

회사원 ______________________　　　일본인 ______________________

한국인 ______________________　　　선생님 ______________________

주부 ______________________

B 우리말에 맞게 일본어 문장을 완성해 보세요.

1. 저는 한국 사람입니다.　→　わたし **私は** ______________________ 。

2. 저는 학생입니다.　→　わたし **私は** ______________________ 。

3. 직업이 어떻게 되세요?　→　しごと **お仕事は** ______________________ 。

C 자주 쓰이는 문장 패턴을 이용하여 자기소개를 작성해 보세요.

예 はじめまして。わたし 私はイスンギです。かんこく 韓国から き 来ました。がくせい 学生です。よろしくお ねが 願いします。

____

A 会社員, 日本人, 韓国人, 先生, 主婦

B (1) 韓国人です。　(2) 学生です。　(3) 何ですか。

오늘의 복습

- ☐ 이름 · 직업 · 국적을 소개하는 방법을 배웠다.
- ☐ 존칭 표현을 사용해 상대방에게 질문할 수 있다.
- ☐ 간단한 자기소개를 더욱 구체적으로 할 수 있다.

❝ 자기소개 문장은 발음까지 자연스럽게 익히도록 꾸준히 연습해 보세요.
다음 학습에서는 숫자와 날짜 표현을 익혀서, 시간과 날짜를 말해보겠습니다. 頑張ってください！❞

DAY 6

숫자와 날짜 표현

- 일본어로 숫자를 읽고 말할 수 있다.
- 날짜 · 요일 · 시간을 간단한 문장으로 말하고, 질문과 대답을 할 수 있다.

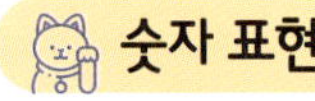 숫자 표현

1 1 ～ 10

숫자	일본어	발음	숫자	일본어	발음
1	いち	이치	6	ろく	로쿠
2	に	니	7	しち/なな	시치/나나
3	さん	산	8	はち	하치
4	し/よん	시/욘	9	く/きゅう	쿠/큐–
5	ご	고	10	じゅう	쥬–

표현 TiP

- 4 (し/よん), 7 (しち/なな), 9 (く/きゅう)는 두 가지 표현이 있으나, 회화에서는 보통 よん, なな, きゅう를 주로 사용

② 10, 100의 단위

숫자	일본어	발음	숫자	일본어	발음
10	じゅう	쥬―	100	ひゃく	햐쿠
20	にじゅう	니쥬―	200	にひゃく	니햐쿠
30	さんじゅう	산쥬―	300	さんびゃく	산뱌쿠
…			…		
90	きゅうじゅう	큐―쥬―			

※ 300 발음 변화 주의

예 11 = じゅういち 쥬―이치   24 = にじゅうよん 니쥬―욘
57 = ごじゅうなな 고쥬―나나   99 = きゅうじゅうきゅう 큐―쥬―큐

🐱 날짜 표현

① 월(月)

한국어	일본어	히라가나	발음
1월	1月	いちがつ	이치가츠
2월	2月	にがつ	니가츠
3월	3月	さんがつ	산가츠
4월	4月	しがつ	시가츠
5월	5月	ごがつ	고가츠

6월	6月	ろくがつ	로쿠가츠
7월	7月	しちがつ	시치가츠
8월	8月	はちがつ	하치가츠
9월	9月	くがつ	쿠가츠
10월	10月	じゅうがつ	쥬-가츠
11월	11月	じゅういちがつ	쥬-이치가츠
12월	12月	じゅうにがつ	쥬-니가츠

2 일(日)

한국어	일본어	히라가나	발음
1일	1日	ついたち	츠이타치
2일	2日	ふつか	후츠카
3일	3日	みっか	밋카
4일	4日	よっか	욧카
5일	5日	いつか	이츠카
6일	6日	むいか	무이카
7일	7日	なのか	나노카
8일	8日	ようか	요-카

9일	9日	ここのか	코코노카
10일	10日	とおか	토-카
11일	11日	じゅういちにち	쥬-이치니치
12일	12日	じゅうににち	쥬-니니치
13일	13日	じゅうさんにち	쥬-산니치
14일	14日	じゅうよっか	쥬-욧카
15일	15日	じゅうごにち	쥬-고니치
16일	16日	じゅうろくにち	쥬-로쿠니치
17일	17日	じゅうしちにち	쥬-시치니치
18일	18日	じゅうはちにち	쥬-하치니치
19일	19日	じゅうくにち	쥬-쿠니치
20일	20日	はつか	하츠카
21일	21日	にじゅういちにち	니쥬-이치니치
22일	22日	にじゅうににち	니쥬-니니치
23일	23日	にじゅうさんにち	니쥬-산니치
24일	24日	にじゅうよっか	니쥬-욧카
25일	25日	にじゅうごにち	니쥬-고니치
26일	26日	にじゅうろくにち	니쥬-로쿠니치
27일	27日	にじゅうしちにち	니쥬-시치니치
28일	28日	にじゅうはちにち	니쥬-하치니치

29일	29日	にじゅうくにち	니쥬-쿠니치
30일	30日	さんじゅうにち	산쥬-니치
31일	31日	さんじゅういちにち	산쥬-이치니치

- 11일 이후에는 보통 숫자 뒤에 ~にち를 붙이지만, 14일(じゅうよっか), 24일(にじゅうよっか) 등 예외 존재

3 요일

한국어	일본어	히라가나	발음
월요일	月曜日	げつようび	게츠요-비
화요일	火曜日	かようび	카요-비
수요일	水曜日	すいようび	스이요-비
목요일	木曜日	もくようび	모쿠요-비
금요일	金曜日	きんようび	킨요-비
토요일	土曜日	どようび	도요-비
일요일	日曜日	にちようび	니치요-비

1 시(じ)

한국어	일본어	히라가나	발음
1시	1時	いちじ	이치지
2시	2時	にじ	니지
3시	3時	さんじ	산지
4시	4時	よじ	요지
5시	5時	ごじ	고지
6시	6時	ろくじ	로쿠지
7시	7時	しちじ	시치지
8시	8時	はちじ	하치지
9시	9時	くじ	쿠지
10시	10時	じゅうじ	쥬–지
11시	11時	じゅういちじ	쥬–이치지
12시	12時	じゅうにじ	쥬–니지

2 분 (ふん/ぷん)

한국어	일본어	히라가나	발음
1분	1分	いっぷん	잇뿐
2분	2分	にふん	니훈
3분	3分	さんぷん	산뿐
4분	4分	よんぷん	욘뿐
5분	5分	ごふん	고훈
6분	6分	ろっぷん	롯뿐
7분	7分	ななふん	나나훈
8분	8分	はっぷん / はちふん	핫뿐 / 하치훈
9분	9分	きゅうふん	큐—훈
10분	10分	じゅっぷん / じっぷん	쥿뿐 / 짓뿐
11분	11分	じゅういっぷん	쥬—잇뿐
12분	12分	じゅうにふん	쥬—니훈
13분	13分	じゅうさんぷん	쥬—산뿐
14분	14分	じゅうよんぷん	쥬—욘뿐
15분	15分	じゅうごふん	쥬—고훈
16분	16分	じゅうろっぷん	쥬—롯뿐
17분	17分	じゅうななふん	쥬—나나훈
18분	18分	じゅうはっぷん	쥬—핫뿐

19분	19分	じゅうきゅうふん	쥬—큐—훈
20분	20分	にじゅっぷん / にじっぷん	니쥿뿐 / 니짓뿐
30분	30分	さんじゅっぷん / さんじっぷん	산쥿뿐 / 산짓뿐

발음 TiP

• 1분, 3분, 4분, 6분, 8분, 10분의 경우 ぷん이 아니라 っぷん / んぷん으로 바뀜

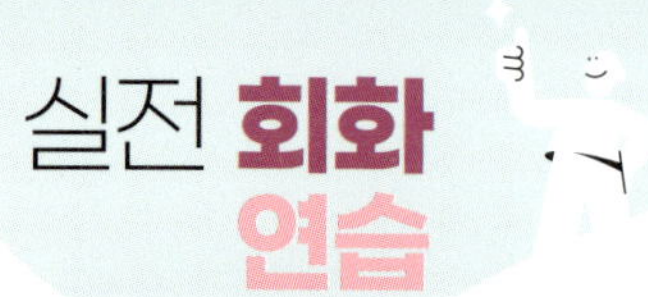

실전 회화 연습

날짜 묻고 답하기

:
きょう　　　　なんがつなんにち
今日は何月何日ですか。
쿄-와 난가츠 난니치데스카

:
3月3日です。
산가츠 밋카데스

: 오늘은 몇 월 며칠입니까?
: 3월 3일이에요.

요일 묻고 답하기

:
あした　　　なんようび
明日は何曜日ですか。
아시타와 난요-비데스카

:
あした　　　どようび
明日は土曜日です。
아시타와 도요-비데스

: 내일은 무슨 요일이에요?
: 내일은 토요일입니다.

시간 묻고 답하기

:
いまなんじ
今何時ですか。
이마 난지데스카

:
　　　　はん
11時半です。
쥬-이치지 한데스

: 지금 몇 시에요?
: 11시 반입니다.

연습
문제

A 다음 숫자를 일본어로 써보세요.

17 _______________________   24 _______________________

35 _______________________   68 _______________________

100 _______________________

B 다음 날짜의 일본어 발음을 적어보세요.

1. 1월 1일 → _______________________________________

2. 7월 14일 → _______________________________________

3. 12월 20일 → _______________________________________

C 다음 시간의 일본어 발음을 적어보세요.

1. 9시 5분 → _______________________________________

2. 11시 30분 → _______________________________________

3. 4시 45분 → _______________________________________

A じゅうなな, にじゅうよん, さんじゅうご, ろくじゅうはち, ひゃく
B (1) いちがつついたち　(2) しちがつじゅうよっか　(3) じゅうにがつはつか
C (1) くじごふん　(2) じゅういちじさんじゅっぷん　(3) よじよんじゅうごふん

오늘의 복습

☐ 일본어 숫자와 월, 날짜, 요일을 익혔다.

☐ 날짜와 시간에 대한 질문 · 대답을 실습해 보았다.

☐ 예외적인 발음의 읽기에 주의하며 날짜와 시간을 말할 수 있다.

" 숫자 · 날짜 표현은 일상생활에서 정말 많이 쓰이는 표현이니까 자주 입으로 말하며 익혀두세요.
다음 학습에서는 짧은 회화 테스트를 해보겠습니다. 頑張ってください！ "

DAY 7

1주차 복습 및 실전 연습

- 히라가나, 가타카나를 활용하여 기초 인사와 자기소개, 숫자와 날짜, 시간 표현을 회화로 연결할 수 있다.
- 짧은 회화 연습과 테스트를 통해, 배운 내용을 확실하게 기억한다.

핵심 표현 총정리

문자 복습

히라가나 あ행~わ행+ん

- 탁음(が, ざ, だ, ば), 반탁음(ぱ), 요음(きゃ, しゅ, ちょ 등)
- 쓰기 순서와 발음 체크

가타카나 ア행~ワ행+ン

- 탁음(ガ, ザ, ダ, バ), 반탁음(パ), 요음(キャ, シュ, チョ 등)
- 외래어 표기 연습(コーヒー, タクシー 등)

발음 TiP

- 비슷한 모양끼리 비교하며 헷갈리지 않는지 확인
  예 히라가나 さ vs. ち, 가타카나 シ vs. ツ

🐱 인사 & 자기소개

인사말	おはようございます。/ こんにちは。/ こんばんは。/ ありがとうございます。/ すみません。
안부 묻기	お元気ですか。
자기소개	はじめまして、私はキムです。韓国人です。よろしく お願いします。
존칭 표현	お名前は？ お仕事は？

🐱 숫자 & 날짜·시간

1~100(いち … ひゃく), 300(さんびゃく) 예외 발음

월(月) : 1월(いちがつ)~12월(じゅうにがつ)

일(日) : 1일(ついたち), 2일(ふつか), 3일(みっか) 등 예외적인 읽기

요일 : 月, 火, 水, 木, 金, 土, 日

시간(じ), 분(ふん/ ぷん)

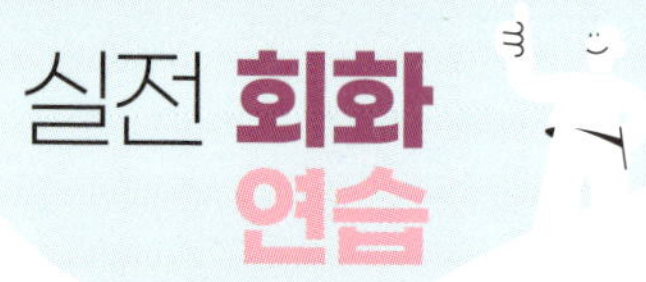

실전 회화 연습

🧑‍🦰 : おはようございます。お元気ですか。

🧑 : はい、元気です。キムさんは？

🧑‍🦰 : 私も元気です。

　　🧑‍🦰 : 좋은 아침입니다. 잘 지내세요?
　　🧑 : 네, 잘 지내요. 김씨는요?
　　🧑‍🦰 : 저도 잘 지냅니다.

🧑‍🦰 : はじめまして。私は韓国人です。学生です。

🧑 : はじめまして。私は日本人です。
　　会社で働いています。よろしくお願いします。

🧑‍🦰 : こちらこそ、よろしくお願いします。

　　🧑‍🦰 : 처음 뵙겠습니다. 저는 한국인입니다. 학생입니다.
　　🧑 : 처음 뵙겠습니다. 저는 일본인입니다. 회사에서 일하고 있습니다. 잘 부탁드립니다.
　　🧑‍🦰 : 저야말로 잘 부탁드립니다.

🧑‍🦰 : 今日は何月何日ですか。

🧑 : 今日は4月2日です。

　　🧑‍🦰 : 오늘은 몇 월 며칠인가요?
　　🧑 : 오늘은 4월 2일입니다.

A 다음 우리말에 맞게 히라가나 혹은 가타카나로 적어 보세요.

1. 카메라 →

2. 물고기, 생선 →

3. 교실 →

B 다음 숫자나 날짜를 우리말로 적어 보세요.

1. さんじゅうよん →

2. しちがつはつか →

3. はちじはん →

C 일본어로 3~4 문장의 자기소개를 직접 써보세요.

A (1) カメラ (2) さかな (3) きょうしつ

B (1) 34 (2) 7월 20일 (3) 8시 반

" 1주차 학습을 마무리하고, 부족한 부분은 꾸준히 복습·보완해 주세요.
다음 학습에서는 기본 문법을 다루며, 더 풍부한 회화를 학습할 예정입니다. 頑張ってください！"

2주차

기본 문법과
실용 표현

DAY 8

일본어 문장 구조

- 일본어의 기본 어순을 이해한다.
- 〈명사 + です / 명사 + を + 동사〉 등 가장 기초적인 문장 구조를 익힌다.
- 여러 예문을 통해 기초 문형을 자연스럽게 익히고 간단한 작문을 시도해본다.

일본어 어순의 기본

- 일본어 어순은 〈주어 + 목적어 + 동사〉로 한국어 순서와 유사

예) 나는 밥을 먹습니다. → 私はご飯を食べます。

- 문장 끝(동사)에서 시제 · 부정 · 존댓말 등이 결정

명사 + です

명사 + です ~입니다

- 사람/사물/개념을 설명할 때 쓰는 표현

예) 私は学生です。 저는 학생입니다.

これは本です。 이것은 책입니다.

명사 + ではありません / じゃありません　～이 아닙니다

- ではありません (정중한 표현) ⇒ じゃありません (조금 더 가벼운 표현)

  ⇒ じゃないです (구어체)

  예) 私(わたし)は学生(がくせい)ではありません。 저는 학생이 아닙니다.

  私(わたし)は学生(がくせい)じゃありません。 나는 학생이 아닙니다. (구어체)

  それは本(ほん)ではありません。 그것은 책이 아닙니다.

명사 + 목적어 + 동사

목적어 조사 を : '～을/를'에 해당하며 [오(o)]로 발음

예) りんごを食(た)べます。 사과를 먹습니다.

동사 ます형 : 현재/미래의 공손 표현

食(た)べます 먹습니다　　　　　見(み)ます 봅니다

飲(の)みます 마십니다　　　　　行(い)きます 갑니다

※ 食(た)べる, 見(み)る, 飲(の)む, 行(い)くは 동사의 사전형이라고 합니다. .

예) 私(わたし)は映画(えいが)を見(み)ます。 저는 영화를 봅니다.

毎日(まいにち)コーヒーを飲(の)みます。 매일 커피를 마십니다.

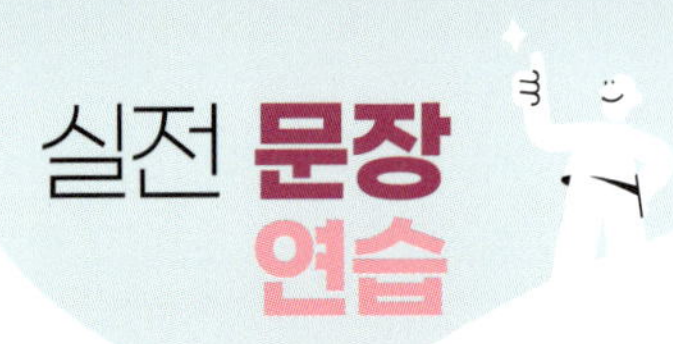

실전 **문장 연습**

: 私はご飯を食べます。

: 私はテレビを見ます。

: 私は日本語を勉強します。

: 나는 밥을 먹습니다.
: 나는 TV를 봅니다.
: 나는 일본어를 공부합니다.

연습 TiP

• 맥락상 '내가 ～한다'는 의미가 분명하면, わたし는 때로는 생략 가능

: これは本です。

: あれは傘です。

: それは車じゃありません。

: 이것은 책입니다.
: 저것은 우산입니다.
: 그것은 차가 아닙니다.

연습 문제

A 다음 우리말에 맞게 일본어 문장을 써보세요.

1. 나는 밥을 먹습니다. → _______________________

2. 이것은 사과입니다. → _______________________

3. 저것은 모자가 아닙니다. → _______________________

B 〈주어 + 목적어 + 동사〉 패턴으로 자유롭게 문장을 만들어보세요.

예 毎日新聞を読みます。 매일 신문을 읽습니다.

____

C は와 を가 문장 속에서 각각 무엇을 의미하는지 설명해 보세요.

____

____

____

A (1) 私はご飯を食べます。　(2) これはりんごです。　(3) あれはぼうしじゃありません。

C は는 "~은/는"의 뜻으로 주어를 설명하며, を는 "~을/를"이란 뜻으로 목적어를 설명

오늘의 복습

☐ 일본어의 기본 어순과 〈명사 + です〉, 〈명사 + を + 동사〉 구조를 이해했다.

☐ 부정문 형태를 익히고, 다양한 예문으로 활용했다.

☐ 조사의 기능을 파악하고, 간단 문장 만들기를 시도했다.

" 더욱 알찬 문장을 만들어 가는 과정이 시작되었습니다. 다음 학습에서는 의문사를 활용한 의문문 만들기를 배워서, 질문과 답변의 회화 형태로 연습해 보겠습니다. 頑張ってください！ "

의문문 만들기

오늘의 목표

- 일본어의 의문문 구조를 이해한다.
- ～ですか / ～ますか 형태와 의문사를 활용한 질문을 만들 수 있다.
- 짧은 Q&A 회화를 통해 질문과 답변하는 연습을 한다.

의문문

- 일본어에서는 문장 끝에 か를 붙이면 의문문이 됨

명사문 + ですか

예 これはりんごですか。 이것은 사과인가요?

あなたは<ruby>学生<rt>がくせい</rt></ruby>ですか。 당신은 학생인가요?

동사문 + ますか

예 コーヒーを<ruby>飲<rt>の</rt></ruby>みますか。 커피를 마시나요?

すしを<ruby>食<rt>た</rt></ruby>べますか。 초밥을 먹습니까?

대답 TiP

- はい(네) / いいえ(아니요)로 간단히 시작하고, 이어서 ～です / ～ではありません으로 문장을 완성

  예 いいえ、学生ではありません。 아니요, 학생이 아니에요.

🐾 의문사

의문사	의미	예문
だれ	누구	だれですか。 누구인가요?
どこ	어디	どこですか。 어디인가요?
なん / なに	무엇 / 뭐	これはなんですか。 이것은 무엇인가요?
いつ	언제	いついきますか。 언제 갑니까?
どれ	어느 것	どれですか。 어느 거예요?
どの	어느 ~	どのかさですか。 어느 우산인가요?

💡 주의

- なん vs. なに : 뒤에 오는 발음이나 문맥에 따라 달라짐

  예 なんですか。 무엇입니까?

  なにを食べますか。 무엇을 먹습니까?

- どの + 명사 : 어느 ~

  예 どの本ですか。 어느 책인가요?

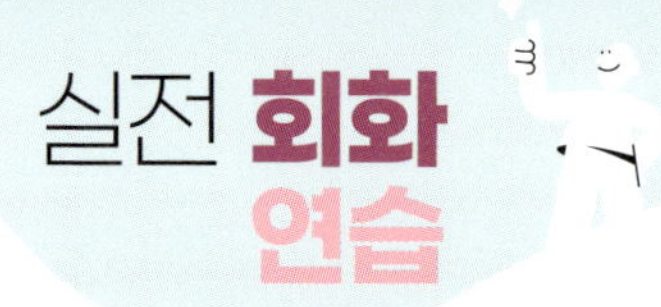

명사 질문

👩 : これはなんですか。

👨 : それは本<ruby>ほん</ruby>です。

👩 : 이것은 무엇이에요?
👨 : 그것은 책이에요.

동사 질문

👩 : コーヒーを飲ますか。

👨 : はい、飲みます。ありがとうございます。

👩 : 커피 마십니까(마실래요)?
👨 : 네, 마실게요. 고마워요.

의문사 응용

👩 : 今日だれが来ますか。

👨 : 田中さんが来ます。

👩 : 오늘 누가 오나요?
👨 : 타나카 씨가 와요.

연습 문제

Ⓐ 다음 평서문을 의문문으로 바꿔보세요.

1. これはいぬです。　　→　これはいぬ ＿＿＿＿＿＿＿＿＿＿＿。

2. 田中さんはりんごを食べます。　→　田中さんはりんご食べ ＿＿＿＿＿＿＿。

3. あの人は学生です。　　→　あの人は学生 ＿＿＿＿＿＿＿＿＿＿。

Ⓑ 우리말에 맞게 알맞은 의문사를 넣어 문장을 완성해 보세요.

1. 이것은 무엇입니까?　　これは ＿＿＿＿＿＿＿ですか。

2. 어디에서 먹을까요?　　＿＿＿＿＿＿＿で食べますか。

3. 언제 가나요?　　＿＿＿＿＿＿＿行きますか。

4. 저 사람은 누구인가요?　　あの人は ＿＿＿＿＿＿＿ですか。

Ⓒ 우리말에 맞게 일본어 문장을 완성해 보세요.

1. 이건 무엇이에요?　　＿＿＿＿＿＿＿＿＿＿＿＿＿＿＿

2. 누가 그것을 해요?　　＿＿＿＿＿＿＿＿＿＿＿＿＿＿＿

3. 어디서 만날까요?　　＿＿＿＿＿＿＿＿＿＿＿＿＿＿＿

Ⓐ (1) ですか　(2) ますか　(3) ですか　Ⓑ (1) なん　(2) どこ　(3) いつ　(4) だれ
Ⓒ (1) これはなんですか。　(2) だれがそれをしますか。　(3) どこであいましょうか。

오늘의 복습

☐ 여러가지 방식의 의문문 만들기를 배웠다.
☐ 간단한 Q&A 실전 회화를 통해, 질문과 대답의 흐름을 익혔다.

❝ 의문문은 일상에서 높은 빈도로 활용되고 있으니, 질문과 대답을 모두 만들면서 연습해 보세요.
다음 학습에서는 부정문 만들기로 더욱 다양한 문장을 만들어볼 계획입니다. 頑張ってください！ ❞

부정문 만들기

- 일본어에서 부정을 나타내는 두 가지 기본 형태를 익힌다.
  (1) 명사 부정: 〜ではありません / 〜じゃありません /〜じゃないです
  (2) 동사 부정: 〜ません
- 부정문을 사용해 '〜이/가 아닙니다', '〜하지 않습니다' 형태의 다양한 문장을 만들고, 회화에 적용한다.

명사 부정

긍정 명사 + です

부정 명사 + ではありません (정중한 표현)
　　　　　　じゃありません (조금 더 가벼운 표현)
　　　　　　じゃないです (구어체)

예 (긍정)　　　　　私は学生です。　　　　　　나는 학생입니다.

(정중한 부정)　私は学生ではありません。　나는 학생이 아닙니다.

(구어체 부정)　私は学生じゃないです。　나는 학생이 아니에요.

사용 TiP

- ではありません이 더 격식 있는 표현. じゃありません은 회화에서 자주 사용

  예 これは本ではありません。 이것은 책이 아닙니다.
  　それ傘さじゃありません。 그것은 우산이 아니에요.
  　私は日本人じゃないです。 나는 일본인이 아니에요.

🐱 동사 부정

긍정 동사 + ます

부정 동사 + ません

긍정		부정	
飲みます	마십니다	飲みません	마시지 않습니다
食べます	먹습니다	食べません	먹지 않습니다
見ます	봅니다	見ません	보지 않습니다

예 私はコーヒーを飲みません。　　나는 커피를 마시지 않습니다.

あなたは車を運転しませんか。　　당신은 차를 운전하지 않나요?

今日はでかけません。　　오늘은 외출하지 않아요.

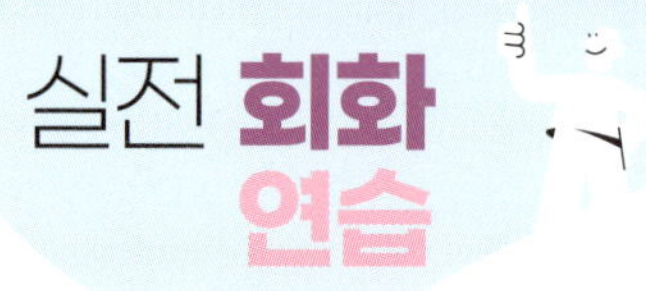

실전 회화 연습

: これはキムさんのかばんですか。

: いいえ、私[わたし]のかばんじゃありません。

　スズキさんのかもしれません。

: 이것은 김 씨의 가방입니까?
: 아니요, 제 가방이 아니에요. 스즈키 씨 것일지도 몰라요.

: 今晩[こんばん]、テレビを見[み]ますか。

: いいえ、見[み]ません。仕事[しごと]がたくさんあります。

: 오늘 저녁에 TV 볼 거예요?
: 아니요, 안 봐요. 일이 많이 있어요.

연습
문제

A 다음 긍정문을 부정문으로 바꿔보세요.

1. 私は学生です。 → 私は学生______________________。

2. 今日はいい天気です。 → 今日はいい天気______________________。

3. 私はテレビを見ます。 → 私はテレビを見______________________。

B 명사 부정형과 동사 부정형을 각각 1문장씩 만들어 보세요.

____

____

____

A (1) ではありません (2) ではありません (3) ません

오늘의 복습

☐ 격식 있는 명사 부정형과 일상생활의 표현을 비교했다.

☐ 동사 부정을 익히고, 짧은 대화로 부정문을 실제 회화에 적용해 보았다.

" 일상에서 '이건 아니야.'를 활용한 문장을 만들어 보세요.
다음 학습에서는 가족 및 친구 소개와 관련된 어휘를 배우고, 다양한 시제로 말해보겠습니다. 頑張ってください！"

가족 및 친구 소개

- 가족 및 친구를 지칭하는 기본 단어를 배운다.
- 가족이나 지인을 소개할 수 있는 문장을 익힌다.
- 존칭과 일반 지칭을 구분하여 사용할 수 있다.

🐱 기본 가족 호칭

한국어	자신의 가족을 말할 때	상대방 가족(존칭)을 말할 때
아버지	父 (ちち)	お父さん (とう)
어머니	母 (はは)	お母さん (かあ)
형/오빠	兄 (あに)	お兄さん (にい)
누나/언니	姉 (あね)	お姉さん (ねえ)
남동생	弟 (おとうと)	弟さん (おとうと)
여동생	妹 (いもうと)	妹さん (いもうと)
할아버지	祖父 (そふ)	おじいさん
할머니	祖母 (そぼ)	おばあさん
남편	夫 (おっと)	ご主人 (しゅじん)
아내	妻 (つま)	奥さん (おく)

친구·지인

한국어	일본어	한국어	일본어
친구	とも 友だち	동료	どうりょう 同僚
선배	せんぱい 先輩	직장상사	じょうし 上司
후배	こうはい 後輩		

소개하기

질문하기

- この人は誰ですか。이 사람은 누구예요?
- あの方はどなたですか。저 분은 누구십니까? (정중한 표현)

소개하기

- こちらは私の友だち、キムさんです。이 쪽은 제 친구 김씨예요.
- 父です。제 아버지예요.
- 弟です。제 남동생이에요.

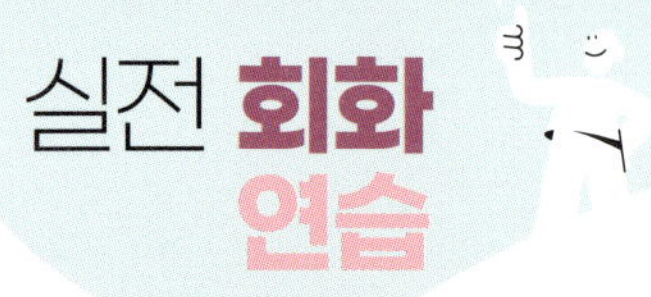

실전 회화 연습

가족 소개 1

女 ： こちらは私（わたし）の父（ちち）です。

男 ： はじめまして。お父（とう）さん、お元気（げんき）ですか。

女 ： はい、元気（げんき）です。父（ちち）はいま会社（かいしゃ）で働（はたら）いています。

> 女 : 이 사람은 제 아버지입니다.
> 男 : 처음 뵙겠습니다. 아버님, 건강하세요?
> 女 : 네, 건강하세요. 저희 아버지는 지금 회사에서 일하고 계세요.

가족 소개 2

女 ： この人（ひと）は妹（いもうと）です。今高校生（いまこうこうせい）です。

男 ： 妹（いもうと）さん、おいくつですか。

女 ： 17歳（さい）です。

> 女 : 이 사람은 제 여동생이에요. 지금 고등학생이에요.
> 男 : 여동생 분은 몇 살이에요?
> 女 : 17살이에요.

연습
문제

A 다음 호칭 구분하여 일본어로 써보세요.

1. 내 엄마 → ____________ , 남의/상대방 엄마 → ____________

2. 내 형 → ____________ , 남의/상대방 형 → ____________

3. 내 할머니 → ____________ , 상대방 할머니 → ____________

Day 11

B 빈칸에 가장 알맞은 표현을 넣어 문장을 대화를 완성해 보세요.

A. こちらは私の____________です。

B. はじめまして。____________さん、お元気ですか。

A. はい、____________はいつも元気です。

C 가족이나 친구를 2~3문장의 일본어로 소개해 보세요.

____

____

____

A (1) 母, お母さん (2) 兄, お兄さん (3) 祖母, おばあさん

B (1) はは (2) おかあさん (3) はは

오늘의 복습

☐ 자신 가족과 상대방의 가족 호칭이 어떻게 다른지 배웠다.

☐ 누구인지에 대한 질문과 답변을 연습했다.

" 가족·친구 호칭은 일상에서 꼭 필요한 표현이니, 반복 복습하시기 바랍니다.
다음 학습에서는 시간 표현을 더 깊이 다루며 문장을 만들어 보겠습니다. 頑張ってください！ "

시간 표현

- 일본어로 시각과 오전 · 오후, 아침 · 점심 · 저녁 등의 표현을 정확히 익힌다.
- 시간에 관한 문장을 자유롭게 만들 수 있다.
- 시간과 관련된 동사를 함께 사용하여 일상 표현을 만들어 본다.

시간 표현 복습

• 시(じ)

한국어	일본어	히라가나	한국어	일본어	히라가나
1시	1時	いちじ	7시	7時	しちじ
2시	2時	にじ	8시	8時	はちじ
3시	3時	さんじ	9시	9時	くじ
4시	4時	よじ	10시	10時	じゅうじ
5시	5時	ごじ	11시	11時	じゅういちじ
6시	6時	ろくじ	12시	12時	じゅうにじ

• 분(ふん/ぷん)

한국어	일본어	한국어	일본어
1분	いっぷん	6분	ろっぷん
2분	にふん	7분	ななふん
3분	さんぷん	8분	はっぷん／はちふん
4분	よんぷん	9분	きゅうふん

5분	ごふん	10분	じゅっぷん／じっぷん
반			半

예 今何時ですか。 지금 몇 시입니까?

今7時半です。 지금 7시 반이에요.

🐱 오전·오후 표현

- 오전: 午前 / 오후: 午後

예 午前8時 오전 8시　　午後2時 오후 2시

午後6時に帰ります。 오후 6시에 돌아갑니다.

🐱 아침·점심·저녁

- 아침 あさ, 점심 ひる, 저녁/밤 よる, 새벽 明け方

🐱 시간 관련 동사

- 일어납니다 起きます, 잡니다 寝ます, 돌아갑니다 帰ります,

  시작합니다 始めます, 끝납니다 終わります

💡 사용 TiP

- (시간)에 (동사)를 합니다. → (시간)に (동사) + ます

  예 毎朝7時に起きます。 매일 아침 7시에 일어납니다.

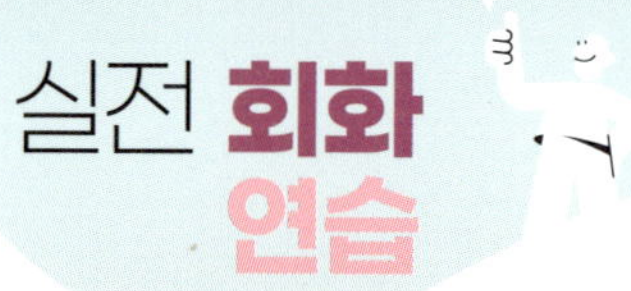

실전 회화 연습

<ruby>今<rt>いま</rt></ruby><ruby>何時<rt>なんじ</rt></ruby>ですか。

<ruby>9時<rt>くじ</rt></ruby><ruby>10分<rt>じゅっぷん</rt></ruby>です。

ありがとうございます。

🧑‍🦰 : 지금 몇 시입니까?
🧑 : 9시 10분이에요.
🧑‍🦰 : 감사합니다.

<ruby>朝<rt>あさ</rt></ruby><ruby>何時<rt>なんじ</rt></ruby>に<ruby>起<rt>お</rt></ruby>きますか。

<ruby>6時半<rt>ろくじはん</rt></ruby>ごろ<ruby>起<rt>お</rt></ruby>きます。

<ruby>早<rt>はや</rt></ruby>いですね！

🧑‍🦰 : 아침 몇 시에 일어나세요?
🧑 : 6시 반쯤 일어나요.
🧑‍🦰 : 이르시네요!

연습 문제

A 다음 시간을 일본어로 써보세요.

1. 5시 30분 → ______________________________

2. 10시 15분 → ______________________________

3. 11시 45분 → ______________________________

B 우리말에 맞게 일본어 문장을 완성해 보세요.

1. 저는 10시에 잡니다.　　　私は＿＿＿＿＿＿じに寝ます。

2. 6시 30분에 일어납니다.　　＿＿＿＿＿じ＿＿＿＿＿ぷんに起きます。

3. 오전 6시에 회사가 시작합니다.　＿＿＿＿＿ろくじに会社が始まります。

C 우리말에 맞게 일본어 문장을 써보세요.

오전 7시에 일어납니다. 그리고 8시에 학교에 갑니다.

____

A (1) ごじさんじゅっぷん　(2) じゅうじじゅうごふん　(3) じゅういちじよんじゅうごふん
B (1) じゅう　(2) ろく, さんじゅっ　(3) ごぜん
C 午前7時に起きます。それから8時に学校に行きます。

오늘의 복습

☐ 일본어의 다양한 시간 표현을 익혔다.

☐ '몇 시에 ～합니까?' 형태로 간단한 문장을 만들었다.

☐ 일상 동사를 결합해서 자신의 생활 패턴을 말할 수 있다.

" 시간 표현을 자주 말하고 쓰면서, 일상생활의 루틴을 일본어로 표현해 보세요.
다음 학습에서는 쇼핑 및 가격 질문하기를 배워볼 예정입니다. 頑張ってください！ "

쇼핑 및 가격 묻기

오늘의 목표

- 가게나 상점에서 쇼핑할 때 자주 쓰는 표현을 익힌다.
- 가격을 묻는 문장과 가격을 흥정하는 표현을 배운다.
- 물건 이름과 쇼핑 회화를 자연스럽게 구사할 수 있다.

가격 묻고 답하기

A : これはいくらですか。 　　　이것은 얼마인가요?

B : それは1000円 です。 　　　그것은 1000엔이에요.

물건 사기

これください。 　　　이거 주세요.

これお願いします。 　　　이것으로 부탁드립니다. (정중한 표현)

 **활용**

- 가방 かばん, 옷 服, 신발 靴, 우산 傘, 책 本, 스마트폰 スマホ (* スマートホン의 준말)

🐱 가격 흥정하기

もう少し安くできませんか。　　　조금 더 싸게 해줄 수 없나요?

ちょっと高いですね。　　　좀 비싸네요.

(할인 후) じゃあ、その値段でお願いします。　　그럼, 그 가격으로 주세요.

🐱 다른 물건 요청하기

ほかの色はありますか。　　　다른 색깔 있어요?

ほかのデザインはありますか。　　　다른 디자인 있어요?

💡 쇼핑 TiP

- 쇼핑 시 색깔을 함께 말하면 더 구체적

  예 あか 빨강, あお 파랑, しろ 하양, くろ 검정

- 일본에서는 정가 판매가 일반적이므로, '깎아 주세요'는 시장 · 벼룩시장 등에서 주로 사용

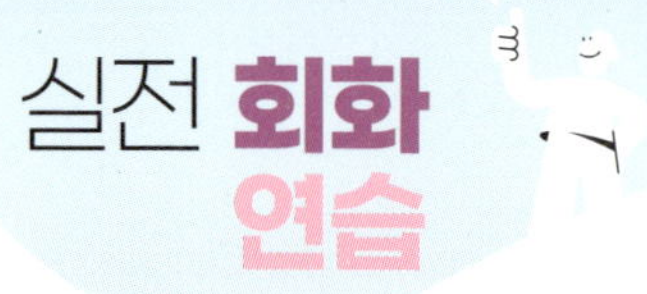

실전 회화 연습

가격 묻기

👩 : すみません、これはいくらですか。

🧑 : それは1500円です。

👩 : そうですか。じゃあ、これをください。

> 👩 : 실례합니다. 이건 얼마예요?
> 🧑 : 그것은 1500엔입니다.
> 👩 : 그렇군요. 그럼 이걸로 주세요.

가격 흥정하기

👩 : このかばん、ちょっと高いですね。

🧑 : いいえ、とてもじょうぶですよ。

👩 : もう少し安くできませんか。

🧑 : うーん...では、3000円でどうですか。

👩 : ありがとうございます。じゃあ、それをください。

> 👩 : 이 가방, 조금 비싸네요.
> 🧑 : 아니에요, 아주 튼튼해요.
> 👩 : 조금 더 싸게 해줄 수 없나요?
> 🧑 : 음... 그럼 3000엔에 어떠세요?
> 👩 : 감사합니다. 그럼 그걸로 주세요.

연습 문제

A 우리말에 맞게 일본어 문장을 완성해 보세요.

1. 이것은 얼마인가요?　　　　これは ＿＿＿＿＿＿＿＿＿＿＿＿＿＿＿＿＿。

2. 이걸 주세요.　　　　　　　これを ＿＿＿＿＿＿＿＿＿＿＿＿＿＿＿＿＿。

B 우리말에 맞게 일본어 문장을 써보세요.

1. 이 가방은 얼마인가요?　＿＿＿＿＿＿＿＿＿＿＿＿＿＿＿＿＿＿

2. 좀 비싸네요.　＿＿＿＿＿＿＿＿＿＿＿＿＿＿＿＿＿＿

3. 다른 색은 없나요?　＿＿＿＿＿＿＿＿＿＿＿＿＿＿＿＿＿＿

4. 그럼 이걸 주세요.　＿＿＿＿＿＿＿＿＿＿＿＿＿＿＿＿＿＿

C 배운 내용을 응용하여 다음 우리말을 일본어 문장으로 써보세요.

1. 조금 더 싸게 해 주실 수 있나요?　＿＿＿＿＿＿＿＿＿＿＿＿＿＿＿＿

2. 다른 디자인 있어요?　＿＿＿＿＿＿＿＿＿＿＿＿＿＿＿＿

A (1) いくらですか　(2) ください

B (1) このかばんはいくらですか。　(2) ちょっと高いですね。
(3) ほかの色はありませんか。　(4) じゃあ、これをください。

C (1) もう少し安くできませんか。　(2) ほかのデザインはありますか。

오늘의 복습

☐ 기본적인 가격 질문 표현을 배웠다.
☐ 가격을 흥정할 수 있는 표현을 익혔다.
☐ 물건 이름을 섞어 쇼핑하는 상황의 대화를 연습했다.

" 일본에서 물건을 살 때 필요한 필수 표현들을 익혀보았습니다.
다음 학습에서는 기본적인 문법과 이를 활용한 회화 표현을 종합적으로 점검해 볼 예정입니다. 頑張ってください！ "

DAY 14

2주차 복습 및 실전 연습

- 의문문, 부정문, 시간 표현, 쇼핑할 때 필요한 표현 등을 실전 회화에 적용할 수 있게 한다.
- 부족한 부분을 찾아 보충하고, 짧은 테스트를 통해 학습 성과를 확인한다.

핵심 표현 총정리

🐱 일본어 문장 구조

- 어순 : 주어 + 목적어 + 동사

- 명사 + です

  예 これは本です。 이것은 책입니다.

- 명사 + を + 동사(ます형)

  예 私はご飯を食べます。 나는 밥을 먹습니다.

🐱 의문문

- 문장 끝에 か를 붙여 질문 → 〜ですか / 〜ますか

- 의문사: だれ(누구), どこ(어디), なに/なん(무엇), いつ(언제) 등

  예 これは何ですか。 이것은 무엇입니까?

  どこに行きますか。 어디에 갑니까?

🐱 부정문

- 명사 부정: ～ではありません / ～じゃありません / ～じゃないです

- 동사 부정: ～ません

  예 これは傘じゃありません。 이것은 우산이 아닙니다.

  見ません。 보지 않습니다.

🐱 가족·친구 소개

- 가족 · 친구의 존칭과 일반 지칭 구분: 父 / お父さん， 兄/お兄さん， 友だち 등

- 소개하기

  예 この人は誰ですか。 이 사람은 누구인가요?

🐱 시간 표현

- 몇 시 (なんじ), 분 (ふん/ぷん), 오전 (ごぜん), 오후 (ごご) 등

  예 今何時ですか。 지금 몇 시입니까?

  7時半に起きます。 7시 반에 일어납니다.

🐱 쇼핑·가격 묻기

- これはいくらですか。이것은 얼마입니까?

- もう少し安くできませんか。조금 깎아주세요.

- これをください。이걸 주세요.

- 다른 색(ほかの色) 등 다른 물건 요청 표현

시간 & 일정 묻기

女 ： 明日は何時に起きますか。

男 ： 6時半に起きます。会社に行きますので...

女 ： 大変ですね。頑張ってください。

女 ： 내일 몇 시에 일어나요?

男 ： 6시 반쯤 일어나요. 회사에 가야 해서...

女 ： 고생이네요. 힘내세요.

가족 소개

女 ： この方はどなたですか。

男 ： 私の姉です。今大学生です。

女 ： お姉さん、はじめまして。

女 ： 이 분은 누구신가요?

男 ： 제 누나(언니)예요. 지금 대학생이에요.

女 ： 언니, 처음 뵙겠습니다.

가격 흥정하기

A : これはいくらですか。

B : 3000円です。

A : ちょっと高いですね。もう少し安くできませんか。

B : じゃあ、2500円はどうですか。

A : ありがとうございます。じゃあ、それをください。

A : 이건 얼마예요?
B : 3000엔입니다.
A : 조금 비싸네요. 조금 더 싸게 안 될까요?
B : 그럼 2500엔은 어떠세요?
A : 감사합니다. 그럼 그걸로 주세요.

A 우리말에 맞게 일본어 문장을 완성해 보세요.

1. 나는 매일 아침 7시에 일어납니다.
私は毎日朝7時に ＿＿＿＿＿＿＿＿＿＿＿＿＿＿＿＿＿＿＿＿。

2. 이 사람은 제 형이 아닙니다.
この人は私の兄 ＿＿＿＿＿＿＿＿＿＿＿＿＿＿＿＿＿＿＿＿。

3. 내일은 몇 시에 학교에 갑니까?
明日は何時に学校に ＿＿＿＿＿＿＿＿＿＿＿＿＿＿＿＿＿＿。

B 우리말에 맞게 일본어 문장을 완성해 보세요.

1. 이 가방은 얼마인가요? ➡ ＿＿＿＿＿＿＿＿＿＿＿ いくらですか。

2. 조금 비싸네요. ➡ ＿＿＿＿＿＿＿＿＿ 高いですね。

3. 이걸 주세요. ➡ ＿＿＿＿＿＿＿＿＿ ください。

C 다음 문장에서 틀린 부분을 찾아 바르게 고쳐보세요.

私<ruby>わたし</ruby>はご飯<ruby>はん</ruby>は食<ruby>た</ruby>べます。

※ 힌트: 주어 조사 は, 목적어 조사 を

A (1) 起きます (2) ではありません (3) 行きますか
B (1) このかばんは (2) 少し (3) これを
C 私はご飯を食べます。

오늘의 복습

- [ ] 기본 문장 구조, 의문문, 부정문과 시간·쇼핑 표현을 종합 정리했다.
- [ ] 여러 상황의 회화 시나리오로 실전 연습을 했다.
- [ ] 복습 문제와 롤플레이로 이해를 점검하고 응용력을 키웠다.

"다음 학습에서는 음식 주문하기, 대중교통 이용하기, 길 묻기 등 실생활 회화를 다룰 예정입니다.
부족한 문법·표현이 있다면 복습을 통해 탄탄하게 다져보세요. 頑張ってください！"

3 주차

실생활 회화
(여행&일상 표현)

DAY 15

음식 주문하기

- 식당에서 주문할 때 쓰는 표현을 배운다.
- 실전 회화를 익혀, 혼자서도 자연스럽게 주문을 할 수 있도록 연습한다.
- 메뉴판에 자주 등장하는 음식에 관한 기본 명사를 접해본다.

식당에서 쓰는 핵심 표현

주문하기

주문할게요. / 주문하겠습니다.	注文お願いします。
이것 / 저것을 주세요.	これ / それをください。
메뉴 좀 보여주세요.	メニューを見せてください。
이거 두 개 주세요.	これをふたつお願いします。

음식 관련 질문하기

매운 음식 있나요?	辛い料理はありますか。
추천 메뉴가 뭐예요?	おすすめメニューは何ですか。
따뜻한/ 차가운 음료 있나요?	温かい / 冷たい飲み物はありますか。

맛 표현 TiP

- 辛い 맵다, 甘い 달다, 塩っぱい 짜다, 酸っぱい 시다 등

자주 먹는 일본 음식

한국어	일본어	비고
초밥	すし	[스시]
라면	ラーメン	[라ー멘]으로 장음(ー) 주의
우동	うどん	한국 발음과 비슷
소바	そば	메밀국수류
돈가스	とんかつ	일본식 돼지고기 튀김
소고기 덮밥	ぎゅうどん	소고기(ぎゅう) + 덮밥(どん)
볶음밥	チャーハン	[챠ー한] 중화풍 볶음밥
닭튀김	からあげ	[가라아게] 일본식 닭튀김

음식명 TiP

- 실제 메뉴판에서는 가타카나나 한자로 표기된 경우 많으므로 읽는 연습 필수

  예 초밥 寿司, 돈가스 豚カツ, 소고기 덮밥 牛丼, 닭튀김 唐揚げ

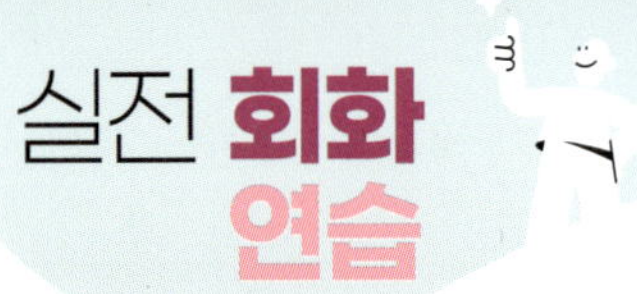

실전 **회화** **연습**

👩 : いらっしゃいませ。

👨 : メニューを見せてください。

👩 : はい、どうぞ。… ご注文はお決まりですか。

👨 : このラーメン一つと、からあげ一つお願いします。

👩 : 飲み物はいかがですか。

👨 : お水をください。

👩 : 어서 오세요.
👨 : 메뉴 좀 보여주세요.
👩 : 네, 여기 있습니다. … 주문 정하셨나요?
👨 : 이 라면 하나랑, 닭튀김 하나 부탁드려요.
👩 : 음료는 어떠세요?
👨 : 물 주세요.

👩 : 辛い料理はありますか。

👨 : こちらのキムチラーメンが少し辛いですよ。

👩 : じゃあ、それでお願いします。

👩 : 매운 음식 있나요?
👨 : 이 김치라면이 좀 맵습니다.
👩 : 그럼 그걸로 부탁해요.

연습 문제

A 우리말에 맞게 일본어 문장을 완성해 보세요.

1. 소고기 덮밥을 부탁합니다. → _______________ をお願いします。

2. 메뉴 좀 보여주세요. → メニューを _______________ 。

B 다음 대화의 상황에 맞게 일본어 문장을 써보세요.

A: 추천 메뉴가 뭐예요? → _______________

B: 소바입니다. → _______________

A: 그럼 그것을 주세요. → _______________

C 우리말에 맞게 일본어로 써보세요.

라면 _______________   우동 _______________

돈가스 _______________   초밥 _______________

A (1) 牛丼 (2) 見せてください

B A : おすすめのメニューは何ですか。 / B : そばです。 / A : じゃあ、それをください。

C ラーメン，うどん，とんかつ，すし

오늘의 복습

☐ 음식 주문 시의 기본 표현을 익혔다.

☐ 매운 음식, 추천 메뉴 등 추가 요구사항도 일본어로 말할 수 있다.

☐ 대표적인 일본 음식명을 간단히 살펴보고, 실제 메뉴판을 읽는 연습을 했다.

" 일본 음식점의 사진 속에서 메뉴판을 보며, 배운 표현들을 직접 연습해 보세요.
다음 학습에서는 대중교통을 탈 때 필요한 표현을 배워보겠습니다. 頑張ってください！"

대중교통 이용하기

오늘의 목표

- 일본에서 대중교통(전차, 버스, 택시 등)을 이용할 때 유용한 표현을 익힌다.
- '어디로 가세요?', '표는 어떻게 사나요?' 등 교통수단 관련 회화를 습득하여, 실제 여행 · 일상에서 바로 활용할 수 있도록 한다.

🐾 대중교통 수단

- 전차(전철) 電車(でんしゃ) / 지하철 地下鉄(ちかてつ) / 버스 バス / 택시 タクシー
  신칸센 新幹線(しんかんせん) / 비행기 飛行機(ひこうき) / 배 船(ふね)

💡 표현 TiP

- 지하철역: 地下鉄の駅　　・전차(전철)역: 電車の駅　　・버스정류장: バス停 / バス乗り場

🐾 교통 이용 기본 표현

어디로 가세요?

どこへ行(い)きますか。

どちらまで行(い)かれますか。 (정중한 표현)

표 사기 · 교통카드 사용

- 표를 사다　　　　　　　切符(きっぷ)を買(か)う

　예　切符(きっぷ)はどこで買(か)いますか。 표는 어디에서 사나요?

- 자동발매기 **券売機** / 개찰구 **改札口**

교통카드(스이카, 이코카 등) **交通系 ICカード**

例 どうやって**使**いますか。 어떻게 쓰나요?

> **～까지 어떻게 가나요?**

駅までどうやって**行**きますか。 역까지 어떻게 가나요?

バスで**行**けますか。 버스로 갈 수 있나요?

🐱 택시 타기

- 영수증 **レシート** or **領収書** / 미터기 **メーター**

例 ここまでお**願**いします。 여기까지 가 주세요.

ちゃんとメーター**使**ってください。 꼭 미터기 써주세요.

🐱 버스 이용

- 하차 버튼 **降りるボタン**

例 **次**は ○○ですか。 다음은 ○○인가요?

ピッとタッチします。 삐~ 하고 찍습니다.

💡 **교통 TiP**

- 일본 버스는 뒷문으로 타고, 앞문으로 내리며 요금을 내는 등 지역마다 방식이 다를 수 있으니 주의!

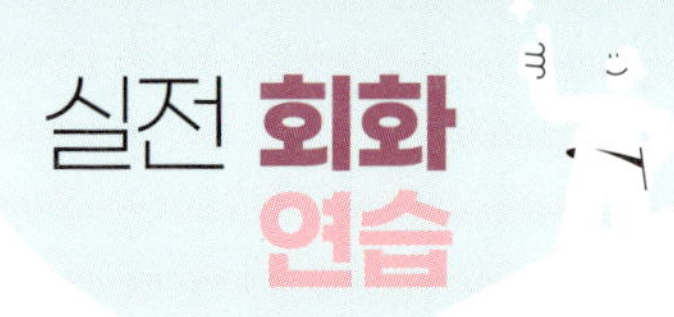

실전 회화 연습

지하철역에서

👩 : すみません、渋谷までどうやって行けばいいですか。

👨 : この地下鉄に乗って、2つ目の駅で降りてください。

👩 : 切符はどこで買えますか。

👨 : あそこに券売機があります。
ICカードがあれば、それでもOKですよ。

👩 : 실례합니다. 시부야까지 어떻게 가야 하나요?

👨 : 이 지하철 타시고, 두 번째 역에서 내리세요.

👩 : 표는 어디서 살 수 있나요?

👨 : 저기 자동발매기가 있어요. IC카드가 있으면 그것도 괜찮아요.

택시에서

👩 : すみません、東京タワーまでお願いします。

👨 : はい、わかりました。

👩 : クレジットカードは使えますか。

👨 : はい、大丈夫ですよ。

👩 : 실례합니다. 도쿄타워까지 부탁해요.

👨 : 네, 알겠습니다.

👩 : 신용카드 쓸 수 있나요?

👨 : 네, 괜찮습니다.

연습문제

A 다음 대중교통의 일본어 표기를 적어보세요.

전차(전철) ___________ 지하철 ___________ 버스 ___________

택시 ___________ 신칸센 ___________ 배 ___________

B 다음 대화의 상황에 맞게 일본어 문장을 써보세요.

A: 신주쿠(新宿)까지 어떻게 가나요? → ___________

B: 지하철로 갈 수 있어요. → ___________

A: 표는 어디서 사나요? → ___________

B: 저기 발매기에서 살 수 있습니다. → ___________

C 우리말에 맞게 일본어 문장을 완성해 보세요.

1. 다음 버스 정거장은 어디인가요? → ___________

2. 이 버스는 시부야(渋谷)에 가나요? → ___________

A てんしゃ、ちかてつ、バス、タクシー、しんかんせん、ふね

B A：新宿までどうやって行きますか。 ／B：地下鉄で行けますよ。 ／A：切符はどこで買いますか。
／B：あそこの券売機で買えますよ。

C (1) 次のバス停はどこですか。 (2) このバスは渋谷に行きますか。

오늘의 복습

☐ 일본의 대중교통 수단과 관련된 단어를 익혔다.

☐ 대중교통을 탈 때 쓸 수 있는 핵심 표현을 배웠다.

☐ 지하철역·택시 상황에서 쓰는 실전 회화를 공부해봤다.

" 대중교통 표현들을 교통카드 사용, 자동발매기에서 표 사기 등 실제 경험에 적용해 보세요.
다음 학습에서는 길 묻기 및 방향 표현을 배우며, 더욱 구체적인 질문을 함께 다뤄보겠습니다. 頑張ってください！ "

길 묻기 및 방향 표현

- 길 찾기 상황에서 쓸 수 있는 표현을 익힌다.
- 방향과 장소의 단어를 배워, 자연스럽게 물어보고 답할 수 있는 연습을 한다.
- 실제로 일본에서 길을 잃는 상황에 대비한 대화문을 살펴본다.

방향 단어

한국어	일본어	한국어	일본어
왼쪽	左 (ひだり)	앞/앞쪽	前 (まえ)
오른쪽	右 (みぎ)	뒤/뒤쪽	後ろ (うし)
직진	まっすぐ	옆/옆쪽	隣 / 横 (となり / よこ)

표현 TiP

- 左に行ってください。 왼쪽으로 가세요.
- 右に曲がってください。 오른쪽으로 도세요.
- まっすぐ行ってください。 쭉 직진하세요.

🐱 장소

한국어	일본어	한국어	일본어
역	えき 駅	은행	ぎんこう 銀行
편의점	コンビニ	파출소/경찰 초소	こうばん 交番

🐱 길 묻기

- すみません、えき
駅はどこですか。　실례합니다, 역은 어디인가요?

- えき
駅までどうやってい
行けばいいですか。　역까지 어떻게 가면 되나요?

- ここからどのくらいかかりますか。　여기서 얼마나 걸리나요?

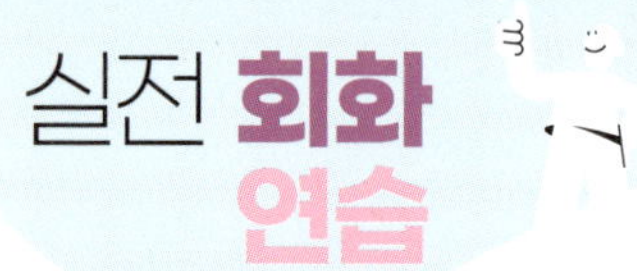

길 묻기

👩 : すみません、駅はどこですか。

👨 : この道をまっすぐ行って、
二つ目の信号を右に曲がってください。

👩 : ありがとうございます。
歩いてどのくらいかかりますか。

👨 : 10分ぐらいかかります。

👩 : 실례합니다, 역은 어디예요?
👨 : 이 길을 쭉 가다가, 두 번째 신호에서 오른쪽으로 도세요.
👩 : 감사합니다. 걸어서 얼마나 걸려요?
👨 : 10분 정도 걸릴 거예요.

위치 묻기

👩 : すみません、コンビニはどこにありますか。

👨 : あそこ見えますか。信号の手前にあります。

👩 : わかりました。ありがとうございます。

👩 : 실례합니다, 편의점은 어디 있나요?
👨 : 저기 보이세요? 신호등 바로 앞에 있어요.
👩 : 알겠습니다. 고맙습니다.

연습 문제

A 우리말에 맞게 일본어 문장을 완성해 보세요.

1. 왼쪽으로 도세요. → ________________ に曲がってください。

2. 쭉 직진하세요. → まっすぐ ________________ ください。

3. 역은 어디예요? → 駅は ________________ ですか。

B 학습한 내용을 활용해서 자유롭게 길을 묻고 답하는 대화문을 만들어 보세요.

A: ____

B: ____

A: ____

B: ____

C 간단한 약도를 그려놓고, 한 지점에서 목적지까지 설명하는 문장을 만들어보세요.

____

____

____

A (1) 左 (2) 行って (3) どこ

오늘의 복습

☐ 방향과 장소의 필수 단어를 익혔다.

☐ 길 묻기 기본 질문과 대답 패턴을 배웠다.

❝ 길 묻기·방향 표현은 일상적으로 자주 쓰이므로, 꼭 여러 번 말로 연습해 보세요.
다음 학습에서는 긴급 상황과 병원에서 사용할 수 있는 응급 표현을 다뤄보겠습니다. 頑張ってください！❞

DAY 18

긴급 상황과 병원 표현

- 아프거나 응급 상황이 생겼을 때, 바로 쓸 수 있는 일본어 표현을 익힌다.
- 병원을 방문하거나 약국에서 약을 살 때 쓸 수 있는 기초 표현을 알아본다.
- 실제 상황에서 당황하지 않고 익숙하게 말할 수 있도록 반복적인 연습을 한다.

긴급 상황 표현

- 도와주세요!   <ruby>助<rt>たす</rt></ruby>けてください!

- 경찰 불러주세요!   <ruby>警察<rt>けいさつ</rt></ruby>を<ruby>呼<rt>よ</rt></ruby>んでください!

- 구급차 불러주세요!   <ruby>救急車<rt>きゅうきゅうしゃ</rt></ruby>を<ruby>呼<rt>よ</rt></ruby>んでください!

문화 TiP

- 일본 경찰 번호: 110番 (ひゃくとおばん)
- 일본 구급차 · 소방 번호: 119番 (いちいちきゅうばん)

  예 119番に電話してください。 119번에 전화해 주세요.

병원·의료 관련 표현

- 병원 <ruby>病院<rt>びょういん</rt></ruby> / 약국 <ruby>薬局<rt>やっきょく</rt></ruby>(ドラッグストア) / 약 <ruby>薬<rt>くすり</rt></ruby>

  의사 <ruby>医者<rt>いしゃ</rt></ruby> / 간호사 <ruby>看護師<rt>かんごし</rt></ruby>

 **증상 말하기**

- 머리가 아파요.

  <ruby>頭<rt>あたま</rt></ruby>が<ruby>痛<rt>いた</rt></ruby>いです。

- 열이 있어요.

  <ruby>熱<rt>ねつ</rt></ruby>があります。

- 배가 아파요.

  お<ruby>腹<rt>なか</rt></ruby>が<ruby>痛<rt>いた</rt></ruby>いです。

- 속이 울렁거려요. / 컨디션이 안 좋아요.

  <ruby>気分<rt>きぶん</rt></ruby>が<ruby>悪<rt>わる</rt></ruby>いです。

질문 TiP

- 의사 질문: どこが痛いですか。어디가 아프신가요?

약국·약 관련 표현

약국에서 자주 하는 질문

<ruby>風邪薬<rt>かぜ ぐすり</rt></ruby>はありますか。　　　감기약 있나요?

<ruby>頭痛薬<rt>ずつうやく</rt></ruby>をください。　　　두통약 주세요.

どうやって<ruby>飲<rt>の</rt></ruby>みますか。　　　어떻게 복용하나요?

약 복용 안내

<ruby>1日<rt>にち</rt></ruby>に<ruby>3回<rt>かい</rt></ruby> 하루에 3번　　　ご<ruby>飯<rt>はん</rt></ruby>の<ruby>前<rt>まえ</rt></ruby>/<ruby>後<rt>あと</rt></ruby> 식사 전 / 후

お<ruby>水<rt>みず</rt></ruby>で<ruby>飲<rt>の</rt></ruby>んでください。 물을 함께 드세요.

약 관련 TiP

- 약 설명서(説明書)는 히라가나·가타카나가 많으니, 쉽게 읽을 수 있음

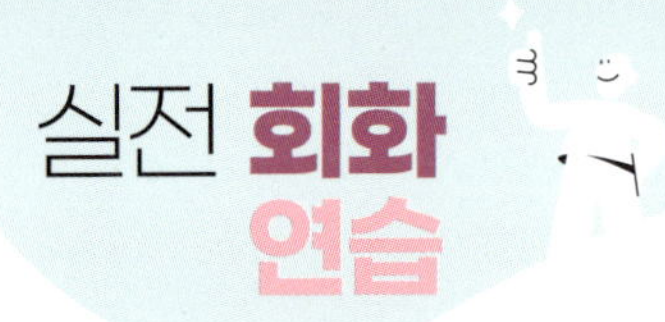

助けてください！人が倒れました！

大丈夫ですか。すぐに119番に電話しましょう。

: 도와주세요! 사람이 쓰러졌어요!　: 괜찮으세요? 바로 119번에 전화합시다.

すみません、頭が痛いです。熱もあります。

いつから痛いですか。

昨日の夜からです。

では、まず診察します。少し待ってください。

: 죄송한데, 머리가 아파요. 열도 있어요.　: 언제부터 아팠나요?
: 어제 저녁부터요.　: 그러면 먼저 진찰을 할게요. 잠시만 기다리세요.

すみません、喉が痛いんですが、喉にいい薬はありますか。

はい、こちらのトローチはいかがですか。

ありがとうございます。1日に何回飲めばいいですか。

1日3回が目安です。

: 저기요, 목이 아픈데, 목에 좋은 약 있나요?　: 네, 이 목캔디 어떠세요?
: 감사합니다. 하루에 몇 번 복용하나요?　: 하루에 3번 정도가 적당해요.

 연습
문제

A 우리말에 맞게 일본어 문장을 써보세요.

1. 머리가 아파요.　→ _______________________

2. 감기약 주세요.　→ _______________________

3. 도와주세요!　→ _______________________

B 다음 복용 설명에 맞게 일본어 문장을 써보세요.

하루 2번, 식사 후에 물과 함께 드세요.

____

C 의사 선생님이 앞에 있다 생각하고 본인의 증상을 말해 보세요.

____

____

A (1) 頭が痛いです。　(2) 風邪薬をください。　(3) 助けてください！
B 1日に2回、ご飯の後お水で飲んてください。

**오늘의
복습**

☐ 긴급 상황에 바로 사용할 표현을 익혔다.
☐ 병원 · 약국에서 자주 쓰는 단어와 증상 표현을 배웠다.
☐ 간단한 진찰 회화, 약 구매 회화 예를 통해 실제 상황을 대비했다.

❝ 응급 표현은 혹시 모를 상황에 대비하여 꼭 기억해 주세요.
다음 학습에서는 숙박과 관련하여 여행에 필요한 회화를 연습해 보겠습니다.　頑張ってください！❞

DAY 19

호텔 체크인 및 예약하기

- 일본 여행 시 숙박에 필요한 예약 확인, 방 변경 등의 표현을 익힌다.
- 실전 회화와 질문을 배워, 자유롭게 의사 소통할 수 있도록 연습한다.

숙박 예약 & 확인

予約^{よやく}したいんですが…　　　　예약하고 싶은데요…

何名様^{なんめいさま}ですか。　　　　몇 분이신가요?

何日^{なんにち} / 何泊^{なんぱく}しますか。　　　　몇 박 하시나요?

来週^{らいしゅう}の金曜日^{きんようび}から二泊^{にはく}予約^{よやく}したいです。

　　　　다음 주 금요일부터 2박 예약하고 싶어요.

予約^{よやく}してあるんですが…　　　　예약해뒀는데요…

お名前^{なまえ}と予約番号^{よやくばんごう}をお願^{ねが}いします。　성함과 예약번호 부탁드립니다.

어휘 TiP

- 予約する 예약하다

체크인 표현

チェックインをお願^{ねが}いします。　　체크인 부탁드려요.

何時^{なんじ}からチェックインできますか。　몇 시부터 체크인 가능한가요?

パスポートを見せていただけますか。 여권 좀 보여주시겠어요?

🐱 체크아웃 표현

チェックアウトは何時ですか。　　　체크아웃은 몇 시인가요?

すみません、レイトチェックアウトはできますか。
죄송한데, 레이트 체크아웃이 가능할까요?

すみません、もう一泊延長したいんですが…
죄송한데, 하룻밤 더 연장하고 싶은데요…

💡 **어휘 TiP**

・料金を精算する 요금을 정산하다

🐱 룸 서비스·시설 문의

タオルをもう一枚いただけますか。　　　수건을 한 장 더 주시겠어요?

エアコンが壊れています。　　　에어컨이 고장 났어요.

ちょっとうるさいんですが、部屋を替えてもらえますか。
조금 시끄러운데, 방을 바꿔 주실 수 있나요?

🐱 와이파이·인터넷

Wi-Fiはありますか。　　　와이파이 있나요?

パスワードを教えてください。　　　비밀번호 알려주세요.

💡 **어휘/표현 TiP**

・ルームサービス 룸 서비스

・〜していただけますか 〜해 주실 수 있나요? / 〜をお願いします 〜을 부탁드립니다

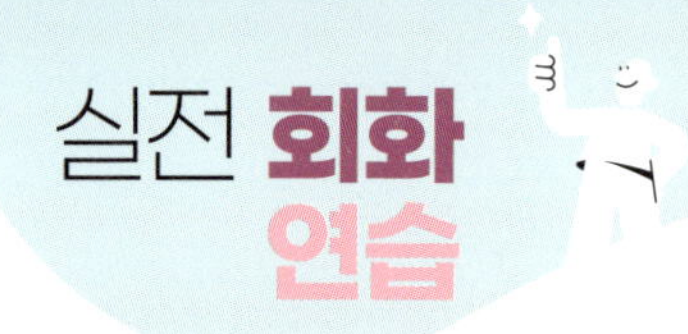

실전 회화 연습

체크인

🧑‍🦰 : いらっしゃいませ。チェックインですね。

🧑 : はい、予約してあります。名前はパクです。

🧑‍🦰 : パスポートをお願いします。

...

🧑‍🦰 : ありがとうございます。2泊ですね。

🧑 : はい、明日の朝ちょっと早くチェックアウトしたいんですが...

🧑‍🦰 : わかりました。何時ごろですか。

🧑‍🦰 : 어서 오세요. 체크인이시죠?　　🧑 : 네, 예약해 놓었어요. 이름은 박입니다.
🧑‍🦰 : 여권 부탁드립니다.　　...　　🧑‍🦰 : 감사합니다. 2박이시네요.
🧑 : 네, 내일 아침에 좀 일찍 체크아웃할 예정인데...　　🧑‍🦰 : 알겠습니다. 몇 시쯤인가요?

프런트에 전화하기

🧑‍🦰 : もしもし。
すみません、エアコンが壊れているようです。

🧑 : それは大変ですね。すぐにスタッフが参ります。

🧑‍🦰 : ありがとうございます。

🧑‍🦰 : 여보세요? 죄송한데, 에어컨이 고장 난 것 같아요.
🧑 : 아, 큰일이네요. 직원이 바로 찾아뵙겠습니다.
🧑‍🦰 : 감사합니다.

연습 문제

A 우리말에 맞게 일본어 문장을 완성해 보세요.

1. 예약해 놨어요. 이름은 김입니다. → ＿＿＿＿＿＿＿＿＿＿名前はキムです。

2. 몇 시부터 체크인 가능해요? → 何時から＿＿＿＿＿＿＿＿＿＿＿。

B 우리말에 맞게 일본어 문장을 써보세요.

1. 방을 1박 더 연장하고 싶은데요… → ＿＿＿＿＿＿＿＿＿＿＿＿＿＿

2. 수건을 한 장 더 주시겠어요? → ＿＿＿＿＿＿＿＿＿＿＿＿＿＿

3. 에어컨이 고장 났어요. → ＿＿＿＿＿＿＿＿＿＿＿＿＿＿

C 호텔에서 체크아웃 시에 할 수 있는 3줄 대화를 자유롭게 만들어 보세요.

A: ＿＿＿＿＿＿＿＿＿＿＿＿＿＿＿＿＿＿＿＿＿＿＿＿＿＿＿

B: ＿＿＿＿＿＿＿＿＿＿＿＿＿＿＿＿＿＿＿＿＿＿＿＿＿＿＿

A: ＿＿＿＿＿＿＿＿＿＿＿＿＿＿＿＿＿＿＿＿＿＿＿＿＿＿＿

A (1) 予約してあります　(2) チェックインできますか

B (1) もう一泊延長したいんですが…　(2) タオルをもう一枚いただけますか。

(3) エアコンが壊れています。

오늘의 복습

- [ ] 숙박 예약과 체크인, 체크아웃에 관련된 표현을 배웠다.
- [ ] 룸 서비스, 방 교체 요청 등 숙소에서 흔히 발생하는 상황별 대처 표현을 익혔다.
- [ ] 실전 회화를 통해 문장 구조와 응용 표현을 연습했다.

❝ 숙박 표현은 여행 시 무척 유용하니, 꼭 여러 번 말로 반복 연습해 보세요. 다음 학습에서는 날씨와 계절 표현 및 날씨를 묻는 방법을 학습하여, 일상 대화를 더욱 풍부하게 할 예정입니다. 頑張ってください！❞

DAY 20

날씨와 계절 표현

- 일본어로 날씨를 묻고 대답할 수 있는 표현을 익힌다.
- 사계절과 기온, 날씨를 말하는 법을 배워 일상대화와 여행에서 자연스럽게 사용한다.

🐱 날씨 관련 표현

날씨

한국어	일본어	한국어	일본어
맑음(맑다)	晴れ / 晴れる	비(비가 오다)	雨 / 雨が降る
눈(눈이 오다)	雪 / 雪が降る	흐림(흐리다)	曇り / 曇る
바람(바람이 불다)	風 / 風が吹く	덥다	暑い
춥다	寒い	시원하다	涼しい

예 雨が降っています。　　비가 와요.

雪が降っています。　　눈이 와요.

기온·온도

한국어	일본어	한국어	일본어
기온	気温 きおん	몇 도	何度 なんど

예 今日は何度ですか。 오늘 몇 도예요?

今日は5度です。 오늘 5도예요.

계절(사계절) 표현

한국어	일본어	한국어	일본어
봄	春 はる	가을	秋 あき
여름	夏 なつ	겨울	冬 ふゆ

예 日本の夏は暑いです。 일본의 여름은 덥습니다.

冬は雪が降ることが多いです。 겨울에는 눈이 많이 와요.

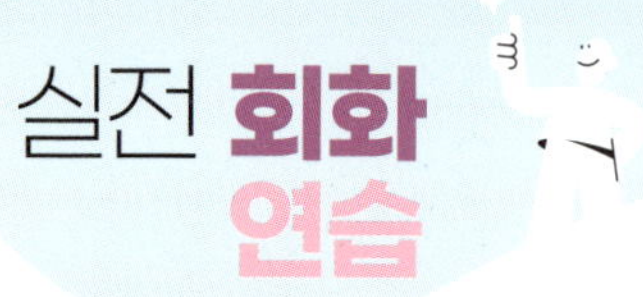

실전 회화 연습

A：今日の天気はどうですか。

B：晴れですが、風が強いですよ。

A : 오늘 날씨 어때요?
B : 맑긴 한데, 바람이 세요.

A：今何度ぐらいですか。

B：3度ぐらいだと思います。寒いですね。

A : 지금 몇 도쯤 되나요?
B : 3도 정도인 것 같아요. 춥네요.

연습
문제

A 우리말에 맞게 일본어 문장을 완성해 보세요.

1. 오늘은 비가 와요. → 今日(きょう)は＿＿＿＿＿＿が降(ふ)っています。

2. 내일은 맑을지도 몰라요. → 明日(あした)は＿＿＿＿＿＿かもしれません。

B 오늘 날씨 상황에 맞게 일본어 문장을 써보세요.

A: 오늘 날씨 어때요?

B: ＿＿＿＿＿＿＿＿＿＿＿＿＿＿＿＿＿＿＿

A: 몇 도예요?

B: ＿＿＿＿＿＿＿＿＿＿＿＿＿＿＿＿＿＿＿

C 우리말에 맞게 일본어 문장을 써보세요.

일본의 여름은 매우 덥습니다.

＿＿＿＿＿＿＿＿＿＿＿＿＿＿＿＿＿＿＿＿＿＿＿＿＿＿＿＿

A (1) 雨　(2) 晴れる
C 日本の夏はとても暑いです。

오늘의 복습

☐ 날씨 표현과 기온에 대해 익혔다.

☐ 사계절과 기본적인 날씨 질문을 배웠다.

☐ '오늘 날씨 어때요?'와 같은 날씨 대화를 시도해 보았다.

" 음식 주문, 교통, 길 묻기, 병원, 숙박, 날씨 등을 종합해보니, 일본에서의 여행·생활에 필요한 표현이 꽤 많아졌어요.
다음 학습에서는 3주차 복습 및 실전 연습을 진행합니다.　頑張ってください！ "

3주차 복습 및 실전 연습

오늘의 목표

- 음식 주문, 교통 이용, 길 묻기, 긴급 상황 & 병원, 숙박, 날씨·계절 표현을 복습해 본다.
- 상황별 핵심 표현을 다시 점검하고, 짧은 회화 테스트를 통해 실전 감각을 키운다.
- 부족한 표현을 보충하고, 실생활에서 자유롭게 활용할 수 있도록 한다.

핵심 표현 총정리

음식 주문하기

注文お願いします。　　　　　　　　주문할게요. / 주문하겠습니다.

これをください。　　　　　　　　이걸로 주세요.

おすすめは何ですか。　　　　　　추천 메뉴가 뭐예요?

주요 단어 辛い料理 매운 음식, 飲み物 음료
一つ 한 개, 二つ 두 개, 三つ 세 개 등

대중교통 이용하기

どこへ行きますか。　　　　　　　어디에 가세요?

切符はどこで買いますか。　　　　표는 어디서 사나요?

교통 수단 電車 전차(전철), バス 버스, タクシー 택시, 地下鉄 지하철

🐱 길 묻기 및 방향 표현

どこですか。　　　　　어디입니까?

右に曲がってください。　　　오른쪽으로 도세요.

二つ目の信号を左に…　　　두 번째 신호에서 왼쪽으로…

방향 　左 왼쪽, 右 오른쪽, まっすぐ 직진

🐱 긴급 상황·병원 표현

助けてください！　　　　도와주세요!

痛いです。　　　　　아파요.

熱があります。　　　　열이 있어요.

🐱 숙박(호텔·여관) 표현

予約しました。　　　　예약했습니다.

주요 단어 　チェックイン 체크인, チェックアウト 체크아웃
　　　　部屋 방, ルームサービス 룸서비스

🐱 날씨와 계절 표현

今日の天気はどうですか。　　　오늘 날씨 어때요?

날씨 　晴れ 맑음, 雨 비, 雪 눈, 曇り 흐림

계절 　春 봄, 夏 여름, 秋 가을, 冬 겨울

기온 　何度 몇 도, 暑い 덥다, 寒い 춥다

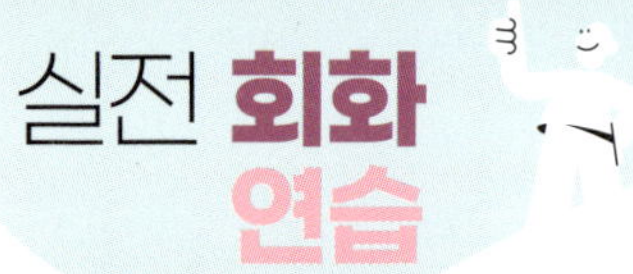

실전 **회화**
연습

女 ： お腹が空きましたね。何を食べますか。

男 ： ラーメンが食べたいです。

ところで、駅までバスで行きますか。

女 ： いいですね。切符はどこで買いますか。

女 ： 배고프네요. 뭐 먹을까요?
男 ： 라멘 먹고 싶어요. 그런데 역까지 버스로 갈까요?
女 ： 좋네요. 표는 어디서 사나요?

女 ： この ホテルはどこにありますか。

男 ： まっすぐ行って、左に曲がるとありますよ。

女 ： ありがとうございます。

チェックインは2時からできますよね。

女 ： 이 호텔은 어디에 있나요?
男 ： 쭉 가서 왼쪽으로 돌면 있어요.
女 ： 감사합니다. 체크인은 2시부터 가능하죠?

👩 : すみません、急にお腹が痛いです…
病院はどこですか。

👨 : この道をまっすぐ行って右に曲がると
病院があります。

👩 : ありがとうございます。
ところで、今日、雨が降りそうですね。

👩 : 죄송한데, 갑자기 배가 아프네요… 병원은 어디죠?
👨 : 이 길로 쭉 가서 오른쪽으로 돌면 병원이 있어요.
👩 : 감사합니다. 그런데 오늘 비가 올 것 같네요.

복습
문제

1. 음식 주문: 이 라멘 하나 주세요.

____

2. 대중교통: 표는 어디에서 사나요?

____

3. 길 묻기: 편의점은 어디인가요?

____

4. 긴급 상황: 119에 전화해 주세요!

____

5. 숙박: 체크인은 몇 시부터 가능한가요?

____

6. 날씨: 오늘 몇 도예요?

____

B 하루 일과를 가정하여 일본어 2~3문장을 자유롭게 써보세요.

3주차

Day 15
Day 16
Day 17
Day 18
Day 19
Day 20
Day 21

C 다음 문장에서 틀린 부분을 찾아 바르게 고쳐보세요.

これを一つ（ひと）おくください。

A (1) このラーメンひとつください。　(2) 切符はどこで買いますか。　(3) コンビニはどこですか。
(4) いちいちきゅうに電話してください。　(5) チェックインは何時からできますか。　(6) 今日は何度ですか。

C これを一つください。

**오늘의
복습**

- [ ] 음식 주문, 교통, 길 묻기, 응급 상황, 숙박, 날씨를 종합 정리했다.
- [ ] 여러 상황을 살펴보고 실제 대화에서 말할 표현을 다시 확인했다.
- [ ] 단답형 복습 문제와 오류 수정으로 이해도를 스스로 점검했다.

" 지금까지 배운 내용이면, 일본에서 기본 생활에 큰 어려움이 없을 거예요. 다음 학습에서는 취미·감정 표현, 미래 계획,
전화·메시지, 초대·약속, 일본 문화 등 응용 회화 분야로 넘어갈 예정입니다. 頑張ってください！"

응용 회화 및 실전 연습

취미와 관심사 이야기

- 일본어로 취미나 관심사를 묻고 답하는 표현을 익힌다.
- 일상 대화에서 자주 등장하는 표현을 배워, 상대방의 취향을 자연스럽게 묻고 대답할 수 있게 한다.

 취미 표현

私の趣味は映画鑑賞です。　　　제 취미는 영화 감상입니다.

何が好きですか。　　　무엇을 좋아하세요?

どんなスポーツが好きですか。　　　어떤 스포츠를 좋아하세요?

표현 TiP

好きです 좋아합니다 │ 大好きです 무척 좋아합니다 │ 興味があります 흥미가 있습니다 │ 嫌いです 싫어합니다

* 주의!
좋아하는 것을 표현할 때는 조사 が를 사용합니다. を로 혼동하기 쉬우니 꼭 주의하세요!

예　私はサッカーが好きです。　　　저는 축구를 좋아해요.

私は音楽に興味があります。　　　저는 음악에 흥미가 있어요.

관심사 표현

음악

どんな音楽が好きですか。　　　　어떤 음악 좋아하세요?

好きなアーティストは誰ですか。　　좋아하는 아티스트는 누구예요?

음악 장르 TiP

ロック 락 ｜ ポップ 팝 ｜ バラード 발라드 ｜ ジャズ 재즈 ｜ クラシック 클래식

영화

どんな映画が好きですか。　　　　어떤 영화를 좋아하세요?

おすすめの映画はありますか。　　추천 영화 있어요?

영화 장르 TiP

アクション 액션 ｜ ロマンス 로맨스 ｜ コメディ 코미디 ｜ ホラー 호러

운동

どんなスポーツをしますか。　　　어떤 스포츠 해요?

私はテニスをよくします。　　　　저는 테니스를 자주 해요.

見るだけです。　　　　　　　　　보기만 해요.

운동 종류 TiP

サッカー 축구 ｜ 野球 야구 ｜ バスケットボール 농구 ｜ 水泳 수영

👩 : 私の趣味は料理です。キムさんは趣味がありますか。

👨 : そうですね… 私は映画を見るのが好きです。
特にアクションが大好きです。

👩 : 제 취미는 요리예요. 김씨는 취미가 있으신가요?
👨 : 그렇군요… 저는 영화 보는 거 좋아해요. 특히 액션을 매우 좋아해요.

👩 : どんな音楽が好きですか。

👨 : ポップが好きですね。K-POPもよく聴きます。

👩 : スポーツはしますか。

👨 : あまりしませんが、サッカーを見るのは好きです。

👩 : 어떤 음악 좋아하세요?
👨 : 팝을 좋아해요. K-POP도 자주 들어요.
👩 : 스포츠는 하시나요?
👨 : 별로 안 하지만, 축구 보는 건 좋아해요.

연습 문제

A 우리말에 맞게 일본어 문장을 완성해 보세요.

제 취미는 책을 읽는 것입니다.

→ 私(わたし)の趣味(しゅみ)は＿＿＿＿＿＿＿＿＿＿＿＿＿＿＿です。

B 우리말에 맞게 일본어 문장을 완성해 보세요.

1. 어떤 영화를 좋아하세요?　→　＿＿＿＿＿＿＿＿＿＿＿好(す)きですか。

2. 추천 음악 있어요?　→　＿＿＿＿＿＿＿＿＿＿＿ありますか。

C 다음 대화의 상황에 맞게 일본어 문장을 써보세요. 빈칸을 자유롭게 채워보세요.

A: 취미가 뭐예요?　＿＿＿＿＿＿＿＿＿＿＿＿＿＿＿＿＿。

B: ○○를 좋아해요.　＿＿＿＿＿＿＿＿＿＿＿＿＿＿＿＿＿。

A: 오오! 저도 ○○를 좋아해요.　＿＿＿＿＿＿＿＿＿＿＿＿＿＿＿＿＿。

A 本を読むこと

B (1) どんな映画が (2) おすすめの音楽は

C A: 趣味は何ですか / B: ○○が好きです / A: おお！私も○○が好きです

오늘의 복습

☐ 취미 · 관심사 소개 표현을 배웠다.

☐ 질문을 통해 상대방의 취향 묻는 법을 알았다.

☐ 음악, 영화, 운동 등 구체적인 취미 분야별 단어와 예문을 살펴봤다.

" 취미 · 관심사 표현은 소개 자리나 친구 대화에서 자주 쓰이니 꼭 연습해두세요. 다음 학습에서는 감정과 기분 표현을 배워서 일상 회화에서 감정을 자연스럽게 표현할 수 있게 됩니다. 頑張ってください！ "

DAY 23

감정과 기분 표현

- 일본어로 감정을 표현하는 기초를 익힌다.
- 일상 회화에서 감정을 자연스럽게 나타낼 수 있도록 한다.
- 감정 표현을 섞어서 짧은 대화를 만들어보고, 실제 상황에서 감정 소통을 해볼 수 있게 한다.

🐱 기본 감정 형용사

한국어	일본어	한국어	일본어
행복하다	幸（しあわ）せだ	화가 나있다	怒（おこ）っています
기쁘다	嬉（うれ）しい	속상하다/분하다	悔（くや）しい
즐겁다	楽（たの）しい	외롭다	寂（さび）しい
슬프다	悲（かな）しい	불안하다	不安（ふあん）だ

💡 말하기 TiP

- ～です 형태로 공손하게 말하거나, 친구끼리는 嬉（うれ）しい！楽（たの）しい！라고 끝을 줄여 말하기도 함
- '～했어요'라는 ～かったです 과거 형태로도 사용

  예) 嬉しい → 嬉しかったです.　기뻤어요.

  　　楽しい → 楽しかったです.　즐거웠어요.

  　　悲しい → 悲しかったです.　슬펐어요.

🐾 상태·기분 형용사

한국어	일본어
건강합니다, 기운이 있습니다	<ruby>元気<rt>げんき</rt></ruby>です
아픕니다, 병에 걸렸습니다	<ruby>病気<rt>びょうき</rt></ruby>です
피곤합니다	<ruby>疲<rt>つか</rt></ruby>れています

예 <ruby>今<rt>いま</rt></ruby>は<ruby>元気<rt>げんき</rt></ruby>だから、<ruby>大丈夫<rt>だいじょうぶ</rt></ruby>です。　지금은 건강하니까, 괜찮아요.

<ruby>今日<rt>きょう</rt></ruby>は<ruby>疲<rt>つか</rt></ruby>れています。　오늘은 피곤해요.

🐾 화/놀람 표현

한국어	일본어
화내다	<ruby>怒<rt>おこ</rt></ruby>る
놀라다	びっくりする

예 <ruby>彼<rt>かれ</rt></ruby>が<ruby>怒<rt>おこ</rt></ruby>っています。　그가 화가 나 있어요.

そのニュースを<ruby>聞<rt>き</rt></ruby>いて、びっくりしました。
그 뉴스를 듣고 놀랐어요.

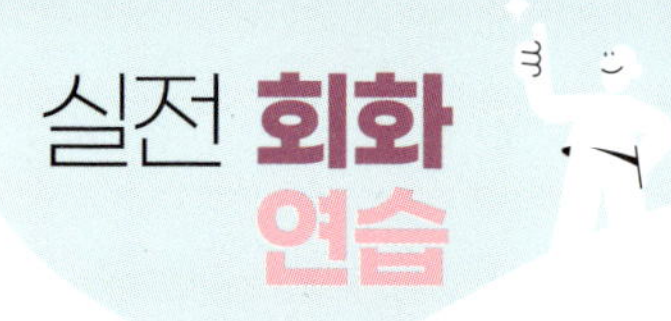

실전 **회화 연습**

　：どうしたんですか。元気がなさそうですね。

　：ちょっと疲れています。最近、仕事が忙しくて...

　：そっか。あまり無理しないでね。

> 　：무슨 일 있어요? 기운이 없어 보이는데요.
>
> 　：좀 피곤해요. 요즘 일이 바빠서...
>
> 　：그렇구나. 너무 무리하지 마요.

　：昨日のコンサート、どうでしたか。

　：すごく楽しかったです。

　特にバンドがかっこよかった！

　：いいですね。私も行きたかったな...

> 　：어제 콘서트 어땠어요?
>
> 　：엄청 즐거웠어요. 특히 밴드가 멋졌어요!
>
> 　：좋겠다. 나도 가고 싶었는데...

연습
문제

A 우리말에 맞게 일본어 문장을 완성해 보세요.

1. 오늘 정말 기뻤어요.　　→　今日は＿＿＿＿＿＿＿＿＿＿＿＿＿＿。

2. 저는 지금 좀 속상해요.　　→　私は今＿＿＿＿＿＿＿＿＿＿＿＿＿＿。

3. 왜 화가 났어요?　　→　どうして＿＿＿＿＿＿＿＿＿＿＿＿＿。

B 다음 대화의 상황에 맞게 일본어 문장을 써보세요.

A: 오늘, 조금 슬퍼요…　　＿＿＿＿＿＿＿＿＿＿＿＿＿＿＿

B: 무슨 일 있어요?　　＿＿＿＿＿＿＿＿＿＿＿＿＿＿＿

A: 응, 사실은… (자유 문장)　　＿＿＿＿＿＿＿＿＿＿＿＿＿＿＿

C 다음 주어진 표현의 과거형을 써보세요.

1. 즐겁다 → 즐거웠습니다.　　→　＿＿＿＿＿＿＿＿＿＿＿かったです。

2. 화내다 → 화가 났습니다.　　→　怒って＿＿＿＿＿＿＿＿＿＿＿＿。

3. 놀라다 → 놀랐어요.　　→　びっくり＿＿＿＿＿＿＿＿＿＿＿＿。

A (1) 本当に嬉しかったです　(2) 少し悔しいです　(3) 怒ったんですか

B A: 今日、ちょっと悲しい... / B: どうしたんですか。 / A: うん、実は...

C (1) 楽し　(2) います　(3) しました

**오늘의
복습**

☐ 기쁜, 슬픈, 화난, 놀란 감정 등을 표현하는 단어를 배웠다.

☐ ～かったです 형태로 과거의 감정을 표현하는 법을 익혔다.

☐ 일상 회화에서 감정을 자연스럽게 묻고 대답하는 법을 배웠다.

❝ 감정·기분 표현을 간단한 일상 회화에 바로 적용해 보세요.
다음 학습에서는 미래 계획 이야기하기 표현을 배워 시간적인 표현을 확장해보겠습니다.　頑張ってください！❞

DAY 24

미래 계획 이야기하기

- 일본어로 미래 계획을 말할 때 자주 쓰는 표현을 익힌다.
- 시제가 적용된 문장을 말할 수 있도록 한다.
- 간단한 계획 대화를 통해 '언제, 어디서, 누구와 무엇을 할 것인지' 자연스럽게 표현해 본다.

 **미래를 나타내는 표현**

~しようと<ruby>思<rt>おも</rt></ruby>っています ～하려고 생각하고 있습니다

- 동사의 의지형 (しよう) + と<ruby>思<rt>おも</rt></ruby>っています

  예 <ruby>来週<rt>らいしゅう</rt></ruby>、<ruby>日本<rt>にほん</rt></ruby>に<ruby>行<rt>い</rt></ruby>こうと<ruby>思<rt>おも</rt></ruby>っています。

  다음 주에 일본에 가려고 해요.

  <ruby>今日<rt>きょう</rt></ruby>はうちで<ruby>映画<rt>えいが</rt></ruby>を<ruby>見<rt>み</rt></ruby>ようと<ruby>思<rt>おも</rt></ruby>っています。

  오늘은 집에서 영화 보려고 해요.

~するつもりです ～할 생각입니다

- 동사 사전형 (する) + つもりです

  예 <ruby>旅行<rt>りょこう</rt></ruby>するつもりです。　　　여행할 생각입니다.

  <ruby>勉強<rt>べんきょう</rt></ruby>するつもりです。　　　공부할 생각입니다.

• ~しようと思っています는 의지 + 생각 느낌, ~つもりです는 더 확정적인 느낌

~予定です ~할 예정입니다

• 명사 + 予定です

> 例 来月、引っ越しする予定です。　다음 달 이사할 예정이에요.
>
> 土曜日に友だちに会う予定です。
>
> 토요일에 친구와 만날 예정이에요.

🐱 미래 시간 표현

한국어	일본어	한국어	일본어
내일	明日 (あした/あす)	모레	明後日 (あさって)
다음 주	来週 (らいしゅう)	다음 달	来月 (らいげつ)
내년	来年 (らいねん)	곧, 바로	すぐ / もうすぐ

> 例 明日、どこへ行くつもりですか。　내일 어디에 갈 생각이에요?
>
> 来年、大学を卒業します。　내년에 대학을 졸업해요.

• 明日(あした)는 일상 대화에서, 明日(あす)는 뉴스나 비즈니스 상황에서 사용

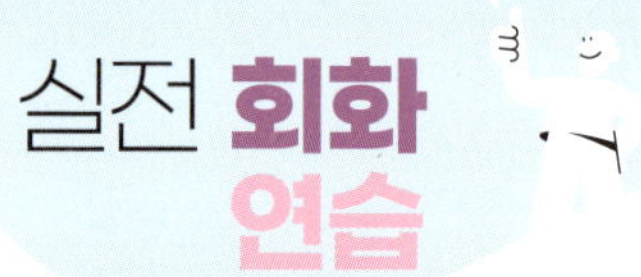

친구와 주말 계획

🧑‍🦰 ： 週末、何をする予定ですか。

🧑 ： 映画を見ようと思っています。キムさんは？

🧑‍🦰 ： 私は友だちと買い物に行くつもりです。

🧑‍🦰 ： 주말에 뭐 할 예정이에요?

🧑 ： 영화 보려고 생각 중이에요. 김 씨는요?

🧑‍🦰 ： 저는 친구랑 쇼핑하러 갈 생각이에요.

여행 계획

🧑‍🦰 ： 来月、旅行する予定なんですが、
一緒にどうですか。

🧑 ： いいですね。どこへ行くつもりですか。

🧑‍🦰 ： 京都に行こうと思っています。

🧑‍🦰 ： 다음 달 여행할 예정인데, 같이 갈래요?

🧑 ： 좋아요. 어디 갈 생각이에요?

🧑‍🦰 ： 교토에 가려고 생각 중이에요.

연습 문제

A 우리말에 맞게 일본어 문장을 완성해 보세요.

1. 내일 친구와 영화를 볼 예정입니다.　＿＿＿＿＿＿＿＿＿＿

2. 다음 주에 이사할 생각이에요.　＿＿＿＿＿＿＿＿＿＿

3. 올해 안에 JLPT를 보려고 합니다.　＿＿＿＿＿＿＿＿＿＿

B 다음 대화의 상황에 맞게 일본어 문장을 써보세요.

A: 주말에 뭐 할 예정이에요?　＿＿＿＿＿＿＿＿＿＿

B: ○○에 가려고 해요.　＿＿＿＿＿＿＿＿＿＿

C 동사의 의지형을 사용하여 문장을 자유롭게 만들어보세요.

예 먹다 (食べる) → 먹어야지 (食べよう) → 먹으려고 생각하고 있습니다 (食べようと思っています)

＿＿＿＿＿＿＿＿＿＿＿＿＿＿＿＿＿＿＿＿

＿＿＿＿＿＿＿＿＿＿＿＿＿＿＿＿＿＿＿＿

A (1) 明日、友達と映画を見る予定です。　(2) 来週、引っ越しをするつもりです。

(3) 今年中にJLPT(日本語能力試験)を受けるつもりです。

B A: 週末、何をする予定ですか。　/ B: ○○に行こうと思っています。

오늘의 복습

☐ 일본어로 미래 계획을 말하는 표현을 배웠다.

☐ 미래시제를 다루며 회화를 연습했다.

☐ 언제, 누구와, 무엇을 할 것인지 자연스럽게 표현할 수 있다.

❝ 미래 표현을 일기나 계획표에 써 보며 연습해 보세요. 다음 학습에서는 전화 및 메시지 주고받기를 배워, 통화 상황이나 간단한 문자·메시지 교환 시 필요한 표현을 익혀보겠습니다.　頑張ってください！❞

전화 및 메시지 주고받기

오늘의 목표

- 일본어로 전화 통화를 할 때 사용하는 기본 표현과 매너를 익힌다.
- 통화 초반부터 마무리까지 필요한 회화 흐름을 배워, 실제 통화에서도 당황하지 않도록 대비한다.
- 간단한 메시지에서 자주 쓰는 표현을 익혀, 가벼운 의사소통을 할 수 있다.

🐱 전화 걸 때

もしもし。	여보세요.
田中さんのお宅ですか。	다나카 씨 댁인가요?
田中さんでいらっしゃいますか。	다나카 씨이신가요? (정중한 표현)

🐱 통화 중간에

今大丈夫ですか。	지금 (통화) 괜찮으세요?
ちょっと待ってください。	잠시만 기다려 주세요.
待ってほしいんですが...	기다려줬으면 하는데...
すみません、今出られません。	죄송한데, 지금 받을 수가 없어요.
ごめんなさい、今は無理です。	미안해요, 지금은 힘들어요.

🐱 전화 끊을 때

また電話しますね。
다시 전화할게요.

わかりました。あとで連絡します。
알겠습니다. 나중에 연락드릴게요.

ありがとうございます。では、失礼します。
감사합니다. 그럼 실례하겠습니다.

お疲れさまです。
수고하셨습니다.

🐱 메시지(문자·카톡 등) 인사

こんにちは！
(문자 등에서 가볍게) 안녕! 안녕하세요!

お元気ですか。
잘 지내요?

今暇ですか。
지금 시간 괜찮아요?

💡 주의

- SNS나 메신저에서는 이모티콘 (絵文字), 줄임말이나 편한 표현 등을 많이 사용

  예) ありがと。고마워. / ごめん。미안해.

실전 회화 연습

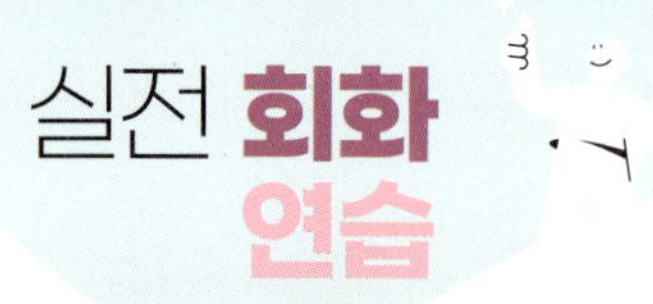

전화 통화

👩 : もしもし、田中さんですか。

👨 : あ、キムさん。はい、田中です。今大丈夫ですよ。

👩 : 明日の約束について聞きたくて。

👨 : うん、どうしましたか。

👩 : 明日10時に会いましょうか。

👨 : はい、大丈夫です。では、明日。

👩 : ありがとうございます。失礼します。

> 👩 : 여보세요, 다나카 씨 맞나요?
> 👨 : 아, 김 씨. 네, 저예요. 지금 괜찮아요.
> 👩 : 내일 약속 관련해서 물어보고 싶어서요.
> 👨 : 응, 왜요?
> 👩 : 내일 10시에 만날까요?
> 👨 : 네, 괜찮아요. 그럼 내일 봐요.
> 👩 : 고마워요. 그럼 실례하겠습니다.

메시지

👩 : こんにちは！今暇？明日の映画、どうする。

👨 : ごめん、今仕事中...☹後で電話するね！

> 👩 : 안녕! 지금 시간 있어? 내일 영화, 어떻게 할까?
> 👨 : 미안, 지금 근무 중... 나중에 전화할게!

연습 문제

A 우리말에 맞게 일본어 문장을 완성해 보세요.

1. 여보세요. → ______________________________

2. 지금 통화 가능해요? → 今 ^{いま} ______________________ ですか。

3. 다시 전화할게요. → また ______________________ しますね。

B 다음 대화의 상황에 맞게 일본어 문장을 써보세요.

A: 여보세요, 다나카 씨? 지금 통화 괜찮으세요? ______________________________

B: 미안해요, 지금은 좀 힘들어요. ______________________________

C 우리말에 맞게 일본어 메시지를 완성해 보세요.

1. 안녕, 지금 시간 돼? 같이 커피 마실까? ______________________________

2. 미안, 지금 바빠... 나중에 연락할게. ______________________________

A (1) もしもし。 (2) 大丈夫 (3) 電話

B A：もしもし、田中さんですか。今大丈夫ですか。 ／B：ごめんなさい、今はちょっと無理です。

C (1) こんにちは、今いま暇ひま？ 一緒にコーヒー飲む？ (2) ごめん、今忙しい... 後で連絡するね。

오늘의 복습

☐ 전화 통화 표현을 익혔다.

☐ 문자나 SNS에서 가볍게 쓰는 표현을 배워, 간단한 용건을 전할 수 있다.

☐ 실전 통화 상황에서 배운 표현을 사용해 보았다.

" 전화·메시지 표현을 실제로 지인과 통화할 때나 SNS 대화에서 시도해 보세요.
다음 학습에서는 초대 및 약속 잡기를 배워보겠습니다. 頑張ってください！"

초대 및 약속 잡기

- 일본어로 약속을 잡을 때 자주 사용하는 표현을 익힌다.
- 만남·약속 관련 회화를 자연스럽게 구사할 수 있도록 한다.
- 실제로 친구나 지인을 초대하거나 일정을 조정할 때 당황하지 않고 대화를 이어갈 수 있다.

시간·약속 묻기

今日の午後時間がありますか。　　오늘 오후 시간 있어요? / 시간 괜찮나요?

今週いつ暇ですか。　　이번 주 언제 한가하세요?

いつ会いましょうか。　　언제 만날까요?

상대 초대하기

一緒に~しませんか。　　함께 ~하지 않을래요?

예　一緒に映画を見ませんか。　　영화 볼래요?

よかったら、~しませんか。　　괜찮으시면, ~하지 않을래요?

예　よかったら、うちでご飯を食べませんか。
　　괜찮으시면, 우리 집에서 밥 먹을래요?

 **일정 잡기**

じゃあ、いつがいいですか。　　　　그럼 언제가 좋으세요?

明日の午前のほうがいいです。　　　내일 오전이 좋아요.

じゃあ、3時にしましょう。　　　　그럼 3시로 해요.

일정 취소·변경하기

約束をキャンセルしたいんですが。　약속을 취소하고 싶어요.

すみません、都合が悪くなりました。

죄송해요. 상황이 안 좋아졌어요

ちょっと予定を変更できますか。　　일정을 좀 변경할 수 있을까요?

사용TiP

• 일정 바꿀 때 상대방에게 すみません,ごめんなさい 같은 사과 표현도 필수

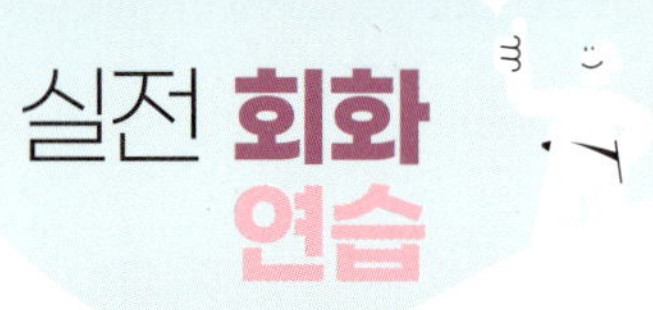

실전 회화 연습

今度の土曜日、時間がありますか。

午後なら暇ですよ。佐藤さんは？

私も午後は大丈夫です。

一緒にカフェに行きませんか。

いいですね。何時がいいですか。

2時ごろでどうですか。

はい、じゃあ2時にカフェで会いましょう。

: 이번 주 토요일, 시간 있어요?　　: 오후라면 한가해요. 사토 씨는요?

: 저도 오후 괜찮아요. 같이 카페 갈래요?　　: 좋아요. 몇 시가 좋을까요?

: 2시쯤 어때요?　　: 네, 그럼 2시에 카페에서 만나요.

ごめんなさい、今日の約束をキャンセルしたいんですが…

どうしましたか。

急に仕事が入ってしまって… また今度お願いします。

わかりました。また連絡してくださいね。

: 미안해요, 오늘 약속을 취소하고 싶은데…　　: 왜 그러세요?

: 갑자기 일이 들어와서요… 다음에 다시 부탁드릴게요.　　: 알겠어요. 또 연락 주세요.

연습 문제

A 우리말에 맞게 일본어 문장을 완성해 보세요.

1. 함께 식사하지 않을래요? → 一緒に＿＿＿＿＿＿を食べませんか。

2. 이번 주 토요일, 시간 있어요? → ＿＿＿＿＿＿＿＿＿、時間ありますか。

3. 미안하지만, 내일 약속을 변경할 수 있을까요?

→ ごめんなさい、明日の約束を＿＿＿＿＿。

B 다음 문장은 일본어로 어떻게 표현할까요?

일이 생겨서요(일이 들어왔다).

＿＿＿＿＿＿＿＿＿＿＿＿＿＿＿＿＿＿＿＿＿＿＿＿＿＿＿

C 다음 대화의 상황에 맞게 일본어 문장을 써보세요.

A: 오늘 저녁에 시간 있어요? 같이 밥 먹지 않을래요? ＿＿＿＿＿＿＿

B: 죄송해요, 오늘은 바빠요. 내일이면 괜찮아요. ＿＿＿＿＿＿＿

A (1) ご飯　(2) 今週の土曜日　(3) 変更できますか
B 仕事が入ってしまって。
C A：今晩、時間がありますか。一緒にご飯を食べませんか。
B：ごめんなさい、今日は忙しいです。明日なら大丈夫です。

오늘의 복습

☐ '시간 있어요?, 언제 만날까요?' 등 약속 잡기 표현을 배웠다.

☐ 약속을 취소, 변경할 때 필요한 단어와 사과 표현을 확인했다.

☐ 실전 대화를 통해 약속 일정을 잡거나 바꾸는 과정을 익혔다.

" 초대·약속 표현은 친구나 동료와 만날 때 꼭 써보세요. 다음 학습에서는 일본 문화와 관용 표현,
일상 속에서 예의를 갖추는 표현을 살펴보겠습니다.　頑張ってください！ "

139

일본 문화와 관용 표현

DAY 27

- 일본 일상 속에서 자주 사용하는 관용 표현을 익힌다.
- 문화적 배경과 함께 의미를 파악하여, 예의 바르고 자연스러운 대화를 구사할 수 있게 한다.
- 식사 자리, 직장, 모임 등 다양한 상황에서 적절히 쓰이는 인사말을 배워 실제 생활에 적용한다.

🐱 식사와 관련된 표현

いただきます。　　　　　　잘 먹겠습니다. (주로 식사 전에 손을 모으고 말함)

- 직역하면 '(음식을 감사히) 받습니다.'라는 의미

ごちそうさま(でした)。

잘 먹었습니다. / 맛있게 잘 먹었어요. (식사 후 감사 표시)

乾杯(かんぱい)!　　　　　　건배!

- 술자리나 파티에서 잔을 들고 외치는 인사
  乾(かわ)いた杯(さかずき) '건조한 잔을'이라는 뜻에서 유래

🐱 직장에서 자주 쓰는 표현

お疲(つか)れさま(でした)。　　　　　수고했어요. / 고생했어요.

- 직장 · 모임 후 인사로 상사나 선후배, 동료 간에 사용

ご苦労さま(でした)。　　　　　　　　　　수고했어요.

• 아랫사람에게 건네는 뉘앙스이므로 사용에 주의

よろしくお願いします。　　　　　　　　잘 부탁드립니다.

• 만남이나 협업 때도 쓰이지만, 일상적으로도 '앞으로도 계속 부탁해요.' 뉘앙스로 사용 가능

（예） (이메일 마무리 인사) 아무쪼록 잘 부탁드립니다.
　　　 どうぞよろしくお願いします。

🐱 생활 속 인사

ただいま。　　　　　　　　　　　　다녀왔습니다. (집에 돌아왔을 때)

お帰り(なさい)。　　　　　　　　　 어서 와. (사람을 맞이할 때)

行って来ます。　　　　　　　　　　 다녀오겠습니다. (집·사무실에서 외출할 때)

行ってらっしゃい。　　　　　　　　 잘 다녀와. (배웅할 때)

🐱 에티켓 한 마디

すみません。　　　　　　죄송하지만/실례하지만…, 고맙지만… (감사의 뉘앙스)

失礼します。　　　　　　실례하겠습니다. (자리 뜨거나 방문 시 노크할 때)

お邪魔します。　　　　　실례합니다. (남의 집이나 방에 들어갈 때)

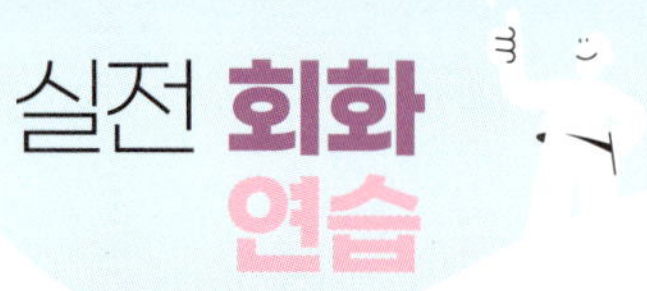

(식사 전)

👩 : いただきます。

👨 : たくさん食べてくださいね。

(식사 후)

👩 : ごちそうさまでした。とてもおいしかったです。

　　👩 : 잘 먹겠습니다.
　　👨 : 많이 드세요.
　　👩 : 잘 먹었습니다. 정말 맛있었어요.

👩 : みなさん、乾杯！

👨 : 乾杯！

(모임이 끝날 때)

👩 : 今日はお疲れさまでした。

👨 : お疲れさまです。また遊びましょう。

　　👩 : 모두 건배!
　　👨 : 건배!
　　👩 : 오늘 수고 많으셨어요.
　　👨 : 수고했어요. 또 놀아요.

연습 문제

A 우리말에 맞게 일본어 문장을 완성해 보세요.

1. 잘 먹겠습니다. →

2. 잘 먹었습니다. →

3. 건배! →

B 다음 문장은 일본어로 어떻게 표현할까요?

1. 수고했어요. (정중한 표현)

2. 잘 부탁드립니다.

C 다음 대화의 상황에 맞게 일본어 문장을 써보세요.

A: 다녀오겠습니다.

B: 잘 다녀와.

A: 다녀왔습니다.

B: 어서 와.

A (1) いただきます。　(2) ごちそうさまでした。　(3) 乾杯!

B (1) お疲れさま(でした)。　(2) よろしくお願いします。

C A：行って来ます。 B：行ってらっしゃい。 / A：ただいま。 B：お帰り(なさい)。

오늘의 복습

☐ 식사와 술자리에 관한 기본적인 관용 표현을 배웠다.

☐ 직장·모임에서 자주 쓰는 예의를 갖춘 표현을 익혔다.

☐ 생활 속 관용어로 일본식 인사 문화를 이해했다.

" 일본 관용 표현은 현지에서 가장 자주 만나게 될 표현이니, 여러 번 복습하고 입에 붙여보세요.
다음 학습에서는 최신 신조어와 SNS에서 사용하는 표현을 살펴 보겠습니다.　頑張ってください！ "

DAY 28

최신 신조어와 SNS 표현

오늘의 목표

- 최근 일본어 신조어와 SNS에서 자주 보이는 줄임말을 익힌다.
- 이 표현들이 실제로 언제, 어떻게 사용되는지 맥락을 이해한다.
- 문장 예시와 간단한 실습을 통해, 초급 수준 어휘·문형을 확장하여 현실적인 회화 수준에 도전한다.

エモい 감성적이다, 감동적이다, 감정이 복받친다 등

この写真、めっちゃエモいね！　이 사진, 정말 감성적이네!

この曲、エモくて泣きそう...　이 노래, 너무 감성적이라 울 것 같아...

사용 TiP

- 친구·SNS에서 사용 가능. 직장 상사나 매우 격식 있는 자리에는 어울리지 않음

バエる / 映える (사진이) 잘 나온다, 눈에 확 띈다

このカフェ、写真がバエる！　이 카페, 사진 찍으면 정말 예쁘게 나오네!

インスタにバエる写真をあげたい。

인스타에 사진발 잘 받는 사진을 올리고 싶어.

사용 TiP

- '인스타 감성'처럼 SNS에서 쓰이는 유행어. 어른 앞에서는 映りがいいですね 정도로 말하는 게 무난

神 최고다, 레전드급이다, 진짜 대박이다

このゲーム、マジで神<ruby>神<rt>かみ</rt></ruby>だわ！　　　이 게임 진짜 최고다!

あの<ruby>技<rt>わざ</rt></ruby>、<ruby>神<rt>かみ</rt></ruby>プレーだったね！　　　저 기술, 신의 플레이였네!

사용 TiP

- 극찬할 때 쓰는 표현이나 매우 편한 친구끼리 혹은 온라인에서만 사용
  * 神 원래 뜻 : 신(god)

り / りょ '오케이'의 짧은 표현

A : 7<ruby>時<rt>じ</rt></ruby>に<ruby>集<rt>あつ</rt></ruby>まろう。　　　7시에 모이자.

B : り！　　　오케이!

사용 TiP

- 친구끼리의 문자 · 채팅용 초약식 표현이므로, 공식 메일이나 공적인 자리에서는 적절치 않음
  * り / りょ 원래 표현 : 了解 알았어/오케이

ワンチャン ~일지도 몰라 / 혹시 가능성 있지 않을까?

ワンチャン<ruby>明日<rt>あした</rt></ruby><ruby>晴<rt>は</rt></ruby>れるかも。　　　내일 혹시 맑을지도 몰라.

ワンチャン<ruby>逆転<rt>ぎゃくてん</rt></ruby>できるんじゃない。　　　혹시 역전할 수도 있지 않을까?

사용 TiP

- 가까운 친구들 사이에서 가볍게 씀. 어른이나 격식있는 자리에서는 부적절
  * 영어에서 유래: One chance

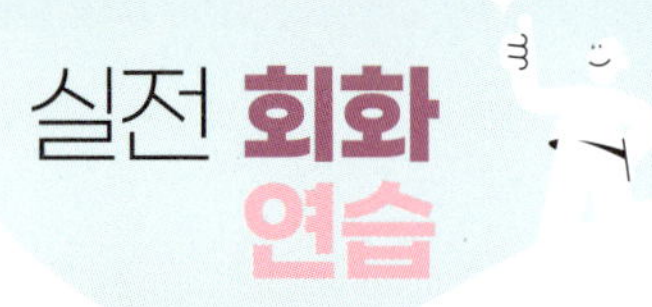

明日、ワンチャン花見に行かない？

天気バエそうだし、写真撮ろうよ！

り！エモい写真をインスタにあげたいな〜。

9時集合で大丈夫？駅前カフェが神ってうわさだよ！

いいね！でもちょっと高いらしいから、

ワンチャン他のカフェも見てみない？

おっけー。じゃあ明日現地で決めよー！

내일 혹시 벚꽃놀이 갈래? 날씨가 잘 받으면 사진도 잘 나올 것 같고, 사진 찍자!

오케이! 감성 가득한 사진 인스타에 올리고 싶어.

9시에 만나도 괜찮아? 역 앞 카페가 최고라는 소문이 있어!

좋아! 근데 조금 비싸다는 말도 들어서, 다른 카페도 혹시 알아보지 않을래?

오케이. 그럼 내일 직접 가서 결정하자!

연습
문제

A 다음 상황에 해당하는 일본어 표현을 써보세요.

1. 사진이 '인스타 감성'으로 잘 나왔을 때 쓰는 표현 _______________!

2. 친구가 최고로 멋진 플레이를 했을 때 칭찬하는 표현 _______________!

3. '혹시 가능성이 있지 않을까?'라는 의미로 쓰는 표현 _______________。

B 다음 대화의 상황에 맞게 일본어 문장을 써보세요.

A: 明日、海行かない？バエそうだよ！

B: _________！ * 오케이

A: このカフェ、写真が _____________！ * (사진이) 잘 나온다, 눈에 확 띈다

B: うん、インスタにあげたいね。

A: あの人の歌、マジで _________だった！ * 최고다, 레전드급이다, 진짜 대박이다

B: 本当にね、鳥肌たった！

A (1) バエる / 映える (2) 神 (3) ワンチャン
B B:り / A:バエる / A:神

오늘의 복습

☐ 교과서적 표현이 아닌, 젊은 일본인들이 일상 · SNS에서 쓰는 말을 배웠다.

☐ 초급자라도 이 표현들을 알면, 온라인 대화나 예능 방송을 이해하기 쉬워진다.

☐ 공식 자리에서는 매우 부적절하므로, 상황에 따라 단어 선택을 달리해야 한다.

❝ 다음 학습에서는 일본의 문화 · 관용 표현을 더 깊이 있게 배우며, 신조어와는 또 다른 정중한 표현들을 배워보겠습니다. 頑張ってください！❞

일본의 예절 및 관용 표현 심화

오늘의 목표

- 일본이 지닌 전통 행사 · 생활 예절 · 직장 문화 등을 폭넓게 이해해, 실제 여행 혹은 유학 · 업무 시 도움이 될 지식을 습득한다.
- 관용 표현을 더욱 심화하여, 보다 정중한 일본어 구사를 연습한다.
- 공식 · 비공식 상황을 구분하고, 공손한 표현을 알맞게 사용할 수 있도록 배운다.

핵심 표현 총정리

 일본 연중 행사 & 계절 풍습

お正月 정월, 1월 1일 전후

あけましておめでとうございます。	새해 복 많이 받으세요.
初詣に行きましたか。	첫 참배 다녀오셨나요?

관련 단어 初詣 첫 참배, おせち料理 오세치 요리(설날 먹는 음식)
年賀状 연하장

お盆 8월 중순 전후

お盆は実家に帰りますか。	오봉에는 본가에 돌아가세요?
渋滞がひどいですね。	차가 많이 막히네요.

특징 조상님 맞이, 가족 모임, 帰省 귀성 러시

花見 꽃놀이 & 紅葉 단풍놀이

お花見に行きましょう。

꽃놀이 가요.

紅葉がきれいですね。

단풍이 예쁘네요.

특징 봄에는 桜 벚꽃, 가을에는 紅葉 단풍 구경

🐱 식사 예절 & 생활 속 매너

식사 전후 인사

いただきます。

잘 먹겠습니다. (식사 시작 전)

ごちそうさま(でした)。

잘 먹었습니다. (식사 후)

문화적 의미 음식을 주신 분(자연·요리한 사람 등)에 대한 감사

젓가락(箸) 문화

箸の使い方が上手ですね。

젓가락 사용 잘하시네요!

문화 Tip! 젓가락을 밥그릇에 꽂아두지 않기, 젓가락으로 음식 주고받지 않기
(장례 관련 연상)

日本の電車では通話をしないほうがいいですか。

일본 전철에서 통화는 안 하는 게 좋나요?

문화 Tip! 휴대폰 벨소리를 진동으로, 통화는 최대한 자제

공동체 배려 중시

ゴミは分別して捨てます。　　　　　　　쓰레기는 분리해서 버립니다.

ちゃんと並びましょう。　　　　　　　　제대로 줄서요.

문화 Tip! 쓰레기 분리수거, 줄서기 습관, 공공장소에서 소란 피우지 않기 등

🐱 직장 & 회식 문화

회사 내 인사

おはようございます。　　　　　　　　안녕하세요. (아침 인사)

A：お先に失礼します。　　　　　　　먼저 실례하겠습니다. (퇴근할 때)

B：お疲れ様でした。　　　　　　　　수고하셨습니다.

今日はありがとうございました。楽しかったです。

오늘 감사했어요. 즐거웠습니다.

문화 Tip! 건배(乾杯) 전에는 마시지 않기, 윗사람 앞에서 지나친 반말은 피하기

 **관용 표현 & 정중한 인사말 심화**

일상 인사말 · 에티켓 표현

お世話になっています。   신세를 지고 있습니다.

• 주로 비즈니스 메일 · 전화에서 무언가를 계속 도와주는 상대방에게 '항상 신세 지고 있습니다.'라는 의미

ご無沙汰しています。   오래간만에 인사드립니다.

• 오랜만에 연락 · 재회했을 때, '오랜만입니다. 그동안 못 뵈었네요.'라는 의미

申し訳ございません。   죄송합니다.

• '죄송합니다.'라는 사과의 격식형. すみません。보다 더 정중한 표현

お疲れ様です。　　　　　　　　　　　　　수고하세요.

• 아랫사람 혹은 동료 사이에서 '수고했어. /수고하세요.' 의미

ご苦労様です。　　　　　　　　　　　　　수고가 많다.

• 상사가 부하에게 사용. 무심코 윗사람에게 쓰면 실례가 됨

お世話さま。　　　　　　　　　　　　　　고생했어.

• 조금 더 가벼운 '수고하셨어요.'의 뉘앙스. 분위기에 따라 사용

존경			보통	
계시다	いらっしゃる	vs.	있다	いる

예　社長はいらっしゃいますか。　　　　　사장님 계신가요?

겸양			보통	
받다	いただく	vs.	받다	もらう

예　部長に本をいただきました。　　　상사에게 책을 받았습니다.

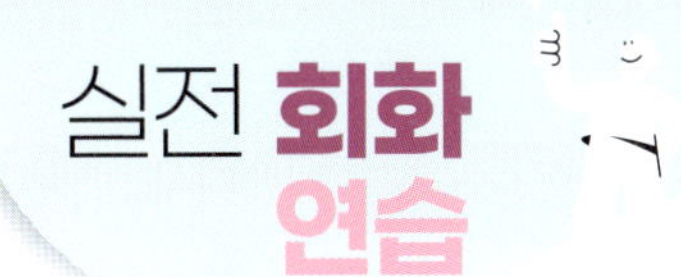

직장 상사와 퇴근 인사

部長、お先に失礼します。

ああ、今日は遅くまでご苦労様。

ありがとうございます。お疲れ様でした。

부장님, 먼저 실례하겠습니다.

아, 오늘 늦게까지 고생 많았어요.

감사합니다. 수고 많으셨습니다.

식사자리 대화

こちらが今日のメニューです。どうぞ。

ありがとうございます。では、いただきます。

どうですか。口に合いますか。

はい、とてもおいしいです。

(식사 후)

ごちそうさまでした。

이것이 오늘의 메뉴입니다. 드시죠.

감사합니다. 그럼 잘 먹겠습니다.

어떠세요? 입에 맞으십니까?

네, 아주 맛있습니다.

잘 먹었습니다.

연습 문제

A 한국의 설날(추석)을 일본 친구에게 자유롭게 소개해 보세요.

____

____

____

____

____

____

B 다음 문장을 존경·겸양표현으로 바꾸어 써보세요.

1. これ、部長からもらいました。

____

2. 社長は今いますか。

____

C 주어진 상황에 맞게 일본어로 대화를 작성해 보세요.

상황 : 상사와 회식 시작 → 건배 → 회식 끝날 때 인사

____

____

____

____

D 일본 문화에 관한 퀴즈입니다. 우리말로 답변해 보세요.

1. お盆^{ぼん}에 사람들은 주로 무엇을 하며, 왜 귀성(帰省^{きせい}) 러시가 생길까?

____

2. 식사 자리에서 젓가락으로 해선 안 되는 행위는 무엇이 있을까?

____

A 旧正月と秋夕があります。家族が集まって、ご飯を食べたり、子供はお年玉をもらったりします。
　　설날과 추석이 있어요. 가족이 모여서 밥을 먹고, 아이들은 세뱃돈을 받아요.

B (1) これ、部長から いただきました。　(2) 社長は 今 いらっしゃいますか。

D (1) 조상님 맞이를 하러 가기 때문　(2) 젓가락을 밥에 꽂아두거나 젓가락으로 음식 건네지 않기

오늘의 복습

☐ 일본 문화에서 중요시되는 배려와 예절을 살펴보았다.
☐ 관용 표현이 상황에 따라 다르게 쓰인다는 점을 배웠다.

❝ 정중한 표현들을 상황별로 구분해서 활용해 보세요. 다음 학습에서는 짧은 동기부여 글을 읽거나,
종합적으로 회화와 문법을 재확인하며 마무리해 보겠습니다. 頑張ってください！❞

DAY 30

일본어 학습 마무리

- 일본 명언과 동기부여 글을 통해, 단순 문법·어휘 학습을 넘어 일본어 표현의 깊이를 체감한다.
- 4가지 명언과 4편의 동기부여 글을 읽고, 어휘와 문법을 점검하며 독해 실력을 다진다.
- 회화 예시를 통해 명언·격언을 실제 대화 속에서 어떻게 활용하는지 익힌다.

핵심 표현 총정리

일본 명언(名言) 및 활용

» 七転び八起き。　　　　　　　일곱 번 넘어져도 여덟 번 일어난다.

여러 번 실패해도 포기하지 말고 다시 일어나라는 의미

대화 활용

A：最近、試験に落ちたり、失敗が多くて、ちょっと落ち込んでいるんだ。

B：そっか。でも「七転び八起き」って言うし、ここで諦めるのはまだ早いよ。

A：うん…確かに。もう一度頑張ってみる！

A : 최근 시험에 떨어지거나 실패가 많아서, 좀 우울해.
B : 그렇구나. 그래도 '일곱 번 넘어져도 여덟 번 일어난다'고 하잖아. 여기에서 포기하기엔 아직 이르다고.
A : 응… 맞아. 다시 한번 힘내볼게!

» 継続は力なり。　　　　　　　　　　　　　　　　　　　지속은 힘이 된다.

꾸준히 계속하면 결국 큰 성과로 이어진다는 뜻

대화 활용

A：日本語、なかなか上達しない気がして…

B：毎日少しずつでも勉強してみたら？「継続は力なり」って言うし。

A：確かに。1日30分でも続けてみるよ！

A： 일본어가 좀처럼 늘지 않는 것 같아서…
B： 매일 조금씩이라도 공부해 보면 어때? 꾸준히 하면 힘이 된다고 하잖아.
A： 맞아. 하루에 30분이라도 계속 해볼게!

» 失敗は成功のもと　　　　　　　　　　　　　　　　　　실패는 성공의 어머니

실패를 두려워하지 말고 배움의 기회로 삼으라는 뜻

대화 활용

A：プロジェクトで失敗して、上司に叱られた。

B：でも「失敗は成功のもと」だし、今回のミスを反省すれば次はきっとうまくいくよ。

A：そうだよね。次回はもっと準備をしっかりしてみる！

A： 프로젝트에서 실패해서, 상사에게 혼났어.
B： 그래도 '실패는 성공의 어머니'잖아. 이번 실수를 반성하면 다음에는 분명 잘될 거야.
A： 그래. 다음에는 좀 더 준비를 제대로 해 볼게!

» 雨降って地固まる。　　　　　　　　비가 내린 후에 땅이 굳어진다.

시련을 겪은 뒤에 더 단단해지고 상황이 좋아진다는 의미

A：チーム内でトラブルがあったけど、ちゃんと話し合って解決したんだ。

B：よかったね。「雨降って地固まる」って言うし、前より強い結束ができたんじゃない？

A：うん、むしろ以前より仲が深まった気がする！

A : 팀 안에 문제가 있었는데, 제대로 이야기해서 해결했어.
B : 잘됐네. '비가 온 뒤에 땅이 굳어진다'고 하잖아. 전보다 더 강한 결속이 생긴 거 아냐?
A : 응, 오히려 예전보다 사이가 깊어진 느낌이야!

꾸준한 노력

最初は誰でも不安だし、すぐに結果が出ないかもしれません。でも、小さな歩みを重ねていけば、きっと大きな成果につながります。毎日の一歩を信じて進みましょう。

처음에는 누구나 불안하고, 곧바로 결과가 나오지 않을 수도 있습니다. 하지만 작은 걸음을 쌓아가면, 분명 큰 성과로 이어질 것입니다. 매일의 한 걸음을 믿고 나아갑시다.

주요 단어

不安 불안 | 結果 결과 | 歩み 걸음, 진행 | 成果 성과 | 重ねる 거듭하다, 쌓아가다

문법 포인트

～かもしれません ～일지도 모릅니다 (추측)
～ましょう ～합시다 (권유 · 제안)

실패와 도전

大きな夢を抱くほど、失敗も大きく感じるかもしれません。でも、その恐れを受け止め、もう一度立ち上がることが、あなたを本当の成長へ導くのです。

큰 꿈을 품을수록, 실패도 크게 느껴질 수도 있습니다. 하지만 그 두려움을 받아들이고, 다시 한번 일어나는 것이, 당신을 진정한 성장으로 이끌 것입니다.

주요 단어

抱く (꿈 · 희망 등을) 품다 | 恐れ 두려움, 공포 | 受け止める 받아들이다
| 立ち上がる 일어서다 | 導く 이끌다, 인도하다

문법 포인트

～ほど ～할수록
もう一度 다시 한 번

159

自分を信じることが、ときには一番難しい作業かもしれません。でも、周りの声よりあなたの本心を大事にして、小さな勇気を出すだけで、新しい扉がきっと開くでしょう。

자신을 믿는 것이, 때로는 가장 어려운 작업일 수 있습니다. 하지만 주변의 목소리보다 당신의 진심을 소중히 여기고, 작은 용기를 내는 것만으로, 새로운 문이 분명 열릴 것입니다.

作業 작업, 일 ｜ 周りの声 주변의 목소리 (의견) ｜ 本心 본심, 진짜 마음 ｜ 勇気を出す 용기를 내다 ｜ 扉 문 (비유적으로 '새로운 길')

ときには 때로는

～でしょう ～일 것입니다 (추측 · 미래 표현)

誰かと力を合わせるとき、新しい発見や可能性が広がります。お互いを信頼し、励まし合うことで、個人では到達できない高みへも届くことができるでしょう。真の成功は、ときに仲間との絆が生み出すのです。

누군가와 힘을 합칠 때, 새로운 발견과 가능성이 넓어집니다. 서로를 신뢰하고, 격려하며, 개인으로는 도달할 수 없는 높은 곳에도 닿을 수 있을 것입니다. 진정한 성공은, 때때로 동료와의 유대가 만들어냅니다.

発見 발견 │ 可能性 가능성 │ 信頼 신뢰 │ 励まし合う 서로 격려하다
│ 到達する 도달하다 │ 絆 유대, 끈

力を合わせる。　힘을 합치다. (함께 협력한다는 뜻)

〜ことができる　〜할 수 있다 (가능 표현)

Ⓐ 다음 중 '실패는 성공의 어머니'라는 의미의 일본 명언은 무엇인가요?

(1) 七転び八起き

(2) 継続は力なり

(3) 失敗は成功のもと

(4) 雨降って地固まる

Ⓑ '결과가 바로 나오지 않을 수도 있다.'라는 문장에서 '~일지도 모른다'를 의미하는 추측 표현은?

(1) ～ましょう

(2) ～かもしれません

(3) ～ほど

(4) ～まえに

Ⓒ '때로는'이라는 의미의 부사는 무엇일까요?

(1) もう一度

(2) ときには

(3) 周りの声

(4) 扉

Ⓓ '(꿈·희망 등을) 품다'라는 동사를 아래 내용에서 찾아보세요.

大きな夢を抱くほど、失敗も大きく感じるかもしれません。でも、その恐れを受け止め、もう一度立ち上がることが、あなたを本当の成長へ導くのです。

E '작업, 일'에 해당하는 단어를 아래 내용에서 찾아보세요.

自分を信じることが、ときには一番難しい作業かもしれません。
でも、周りの声よりあなたの本心を大事にして、小さな勇気を出
すだけで、新しい扉がきっと開くでしょう。

F 빈칸에 가장 알맞은 표현을 넣어 문장을 완성해 보세요.

大きな夢を抱く＿＿＿＿＿＿、失敗も大きく感じる。

* 힌트: '~할수록'을 의미하는 표현은?

G '작은 걸음을 쌓아가면, 분명 큰 성과로 이어질 것입니다.'를 일본어로 써보세요.

____

____

____

A (3)　**B** (2)　**C** (2)　**D** 抱く　**E** 作業　**F** ほど
G 小さな歩みを重ねていけば、きっと大きな成果につながります。

**오늘의
복습**

☐ 명언과 동기부여 글을 통해 일본어 표현의 깊이를 느꼈다.
☐ 짧은 글을 읽으며 어휘와 문법을 점검하고 독해 실력을 다졌다.
☐ 명언과 격언을 실제 대화 속에서 활용하는 방법을 익혔다.

❝ 30일간의 학습 여정을 모두 마쳤습니다. 매일 한 걸음씩 쌓아 온 노력은 분명 큰 성과로 이어질 것입니다.
글에서 보았던 것처럼, 실패가 찾아와도 다시 일어서고, 작은 성취도 꾸준히 이어가다 보면 더 높은 곳에 도달할 수 있을 것입니다.
継続は力なり。(계속함은 힘이 된다.)라는 말처럼, 일본어 공부도 앞으로 계속 이어가며,
새로운 문화를 이해하고 더 풍부한 세계를 경험하시길 바랍니다.❞

수고 많으셨어요!
기초 회화 과정을 잘 마치셨어요!
먼저, 여기까지 열심히 달려온 여러분께
진심으로 박수를 보냅니다.
히라가나, 가타카나부터 간단한 자기소개,
인사 표현까지 하나씩 익혀 오며 일본어의
기초를 탄탄히 다지게 되었어요. 처음에는
낯설었던 일본어 문장들도 이제는 조금씩
눈에 들어오고, 간단한 말도 자신 있게
해볼 수 있게 되었죠? 이제 여러분은
일본어 '입문자'를 지나 '초급자'로
나아가는 단계에 들어섰다고 볼 수
있어요.
그럼, 이제 다음은 어디로 향해야 할까요?
이제부터 일본어 실력을 더 키워갈 수 있는
다음 단계 학습법을 안내해 드릴게요!

복습은 선택이 아니라 필수!
꾸준한 복습 방법 추천

기초는 금방 잊히기 쉬워요. 그래서 가장 중요한 건
반복과 꾸준함입니다.

추천 복습 루틴

하루 10분, 예습보다 복습에 집중!
그날 배운 단어와 문장을 다시 소리 내어 읽고
말해보세요. 하루 10분이면 충분하지만, 그 시간이
쌓이면 큰 차이를 만들어냅니다.

3일, 7일, 14일 복습법
새로 배운 표현은 3일 뒤, 7일 뒤, 14일 뒤에 다시
복습해 보세요. 손으로 써보면서 복습하면 더 오래
기억할 수 있어요.

녹음 복습하기
일본어 문장을 녹음해서 직접 들어보면 자신의 발음과
억양을 점검할 수 있어요. 원어민 음성과 비교하면서
말하는 연습을 해보세요.

일본어 일기 쓰기
하루에 한 문장이라도 일본어로 써보세요.
예 今日は いい天気です。
　　오늘은 날씨가 좋아요.
처음엔 짧게 시작해서 점점 문장을 늘려가 보세요.

JLPT N5를 **목표**로!

단계별 학습 가이드

JLPT N5는 일본어능력시험 중 가장 기초 단계예요.
N5는 일본어를 처음 공부하는 학습자도 도전할 수
있는 시험으로, 보통 100문항 중 50% 이상 맞추면
합격할 수 있어요.

JLPT N5란?

약 800개의 단어와 100개의 문법 표현을 기반으로
합니다. 기본 인사, 자기소개, 숫자, 시간, 날짜,
가족, 장소 등 일상적인 상황에 자주 쓰이는 표현이
중심입니다.

JLPT N5 준비 방법

❶ 단어 암기

하루에 5~10개씩 단어장을 만들어 꾸준히 외우세요.
암기 앱이나 단어 카드, 반복 퀴즈를 활용하면
효과적이에요.

❷ 문장 읽고 쓰기 연습

교재나 온라인 강의에서 나온 문장을 손으로 써보며
외워보세요. 읽을 수 있는 문장이 많아질수록 듣기와
독해 실력도 함께 향상됩니다. 히라가나, 가타카나,
간자의 읽는 법을 정확히 익혀야 해요.

❸ 모의고사 풀어보기

JLPT N5 기출 문제나 예상 문제를 풀어보면서 문제
유형에 익숙해지세요. 실전 감각을 기르는 데 큰
도움이 됩니다.

실전 회화, 멈추지 마세요!

자연스럽게 말하는 연습

문법과 단어 공부도 중요하지만, 입 밖으로 말해보는
연습 없이는 말하기 실력이 늘지 않아요. 실전 회화를
계속 연습하는 것이 가장 중요한 이유입니다.

실전 회화 연습 팁

일본어로 혼잣말하기

일상 속 생각을 일본어로 표현해보는 습관을
들여보세요.

예 지금 뭐하지? → 今、何してる？

하루 1문장 말하기 챌린지

짧은 문장부터 자연스럽게 말하는 연습을 해보세요.

예 今日は疲れた。　오늘은 피곤했어.

　　今天気がいいね。　날씨 좋네.

　　ラーメンが食べたい。　라멘이 먹고 싶어.

회화 파트너 찾기

언어 교환 친구를 찾아 일본어로 대화해 보세요.
틀려도 괜찮아요! 중요한 건 말하려는 용기입니다.

일본어 영상 따라 말하기: 쉐도잉

애니메이션, 드라마, 유튜브 영상 속 짧은 문장을 따라
말해보세요. 발음, 억양, 말의 리듬을 익히는 데 도움이
됩니다.

지금까지의 학습은 일본어 여정의 시작일 뿐이에요.
기초를 다진 지금이 가장 중요한 시기입니다.
매일 조금씩이라도 **꾸준히! 그리고 즐겁게!** 앞으로도 계속 함께
일본어 실력을 키워나가길 응원할게요.

MEMO

MEMO
MEMO